轻松突破口才上的弱点

刘瑶/编著

应急管理出版社
·北京·

图书在版编目（CIP）数据

轻松突破口才上的弱点／刘瑶编著. -- 北京：应急管理出版社，2019

ISBN 978-7-5020-7447-0

Ⅰ.①轻… Ⅱ.①刘… Ⅲ.①口才学—通俗读物 Ⅳ.①H019-49

中国版本图书馆 CIP 数据核字(2019)第 076837 号

轻松突破口才上的弱点

编　　著	刘　瑶
责任编辑	陈棣芳
封面设计	于　芳
出版发行	应急管理出版社（北京市朝阳区芍药居 35 号　100029）
电　　话	010-84657898（总编室）　010-84657880（读者服务部）
网　　址	www. cciph. com. cn
印　　刷	三河市宏顺兴印务有限公司
经　　销	全国新华书店
开　　本	880mm×1230mm 1/32　**印张**　6　**字数**　151 千字
版　　次	2020 年 1 月第 1 版　2020 年 1 月第 1 次印刷
社内编号	20180720　**定价**　32.80 元

前　言 Preface

每个正常人，从咿呀学语起，到寿终正寝止，几十年的光阴中，不知道要说多少话。朱自清在《说话》一文中说："人生不外言动，除了动就只有言，所谓人情世故，一半是在说话里。古文《尚书》里说，'唯口，出好兴戎'，一句话的影响有时是你料不到的，历史和小说上有的是例子。"

在现代交际中，是否能"言"，是否会"说"，仍然深刻地影响着一个人的生活美满与事业成败——

社交没有好口才，就会少朋寡友，怎能人缘通达；

办事没有好口才，就会四处碰壁，怎能左右逢源；

谈判没有好口才，就会被动挨打，怎能赢取先机；

演讲没有好口才，就会嘴舌笨拙，怎能语惊四座；

职场没有好口才，就会触动雷区，怎能加薪晋职；

情爱没有好口才，就会言不尽意，怎能爱意绵绵。

口才是否高超，关乎一生成败。如果说知识是人生的财富，那么口才就是人生的资本！上乘的口才高手，能够把一张嘴变成解决困厄和成就大事的撒手锏。而说话蹩脚的人，一件皆大欢喜的好事也可能被他说得鸡飞狗跳。同样一个意思，用不同的方式来表达，其效果有着天壤之别。李四没有遵守对张三的承诺，张三对李四说："你为什么要欺骗我？”这话可能会引起李四的不快和反感，继而引发一场不必要的冲突；但若换成“你这样做让我很难过”，或许李四会心生内疚并极力弥补过失。这只是生活中一个极其微小的例子，但也说明了口才的作用。

对于那些不注重口才的人来说，培根的话可谓语重心长。他说：“那些喜欢出口伤人者，恐怕常常过低地估计了被伤害者的记忆力。温和的语言，其力量胜过雄辩，不善答问者是笨拙的，但没有原则的诡辩却是轻浮的。说话绕弯子太多令人生厌，但过于直截了当会显得唐突。能掌握此中分寸的人，才算精通了谈话艺术。”

本书详细讲解了各种常见的口才弱点，涵盖了社交、为人处世、商场、职场及日常生活等各个方面，用通俗易懂的语言，告诉你如何加长自身在口才上的“短板”。

刘 瑶

2019年9月

目 录 Contents

第一章 能说会道者路好走

人人都会说话，然而，把话说好却并非易事。面对同样的情况，不同的话语就会产生不同的效果。能言善辩者即使是严厉的批评，也可能令人欣然接受；笨嘴拙舌者即使是由衷地称赞，也可能让人极为反感。

纵观古今中外，王侯将相、政坛领袖，甚至于平民百姓、凡夫俗子，能说会道的人比比皆是。如东汉末年的诸葛孔明，他在东吴舌战群儒，最终说服孙权联合刘备抗击曹操，取得了赤壁之战的胜利；周恩来总理的口才举世闻名，他灵活的应变能力、渊博的学识、不俗的谈吐，都被世人仰慕，当时的美国总统尼克松赞誉他为“冠绝国际”；古罗马杰出的政治家、哲学家西塞就很会说话，最后凭着一张利嘴跻身政界，成为罗马的检察官和执政官……

由此可以看出，善于说话的人易成功，而不善说话的人往往寸步难行。相信很多人都听说过这样一句话：说得比唱得都好听。意在讽刺某人只说好听话却不办实事，即只动口不动手，一味地耍嘴皮子。有必要声明的是此“好听”非彼“好听”，我们就是要把话说得好听，同时我们更要把事做得漂亮。人在旅途，道路不可能永远平坦，面对那些泥沼渠沟，在勇敢面对的同时更要灵活应对，或许一句话，或许一件事，就可能使人生的旅途变得畅通无阻、前途光明。

◆ 口才可以决定成败

我们的很多前辈不大重视甚至不大喜欢“能说会道”的人，那些很健谈的人，常常被冠以“夸夸其谈”的帽子。如果一个人被公认为“夸夸其谈”，那就不怎么讨人喜欢；如果被公认为善于为自己辩护，那就没有多少人愿与之交往。相反，如果一个人沉默寡言，不苟言笑，这个人往往会受到赞赏。这个传统的评价标准，依然在今天的青年身上打下了深深的烙印。常常听到有人说：“我这个人，笨嘴笨舌，不会说话。”似乎这并不是什么缺点。显然，这是一种相当陈旧的见解。

即使在古代，夸夸其谈者遭人轻视，却也出现了许多雄辩家，正是那些带着自己观点，游走于各国之间的思想家们不知疲倦地游说、演讲，才有了我国古代思想文化的百家争鸣。“子非鱼，安知鱼之乐”“子非我，安知我不知鱼之乐”……祖先充满智慧的辩论至今让我们津津乐道，辩论的口才更让我们佩服。

戴尔·卡耐基说：“一个人的成功，有15%取决于技术知识，另外85%则取决于他的口才。”在当今时代，越来越多的人意识到口才的重要性，对于任何一个人来说，口才都是一种不可或缺的能力、一种未来成功的资本。放眼政坛或商界的风云人物，无人不是能言善辩的高手。我们无法想象：奥巴马没有良好口才怎能战胜麦凯恩登上总统的宝座，马云、俞敏洪没有良好口才怎能说服投资人掏腰包，鼓动员工跟随自己。

事实上，古今中外，凡是在职场上能左右逢源、逢凶化吉、办事顺畅的人都是拥有好口才的人。拥有好口才，无异于拥有了胜人一筹的法宝。

我国首次载人航天飞行成功返回后，中国第一个进入太空的宇航员杨利伟一时间家喻户晓、妇孺皆知，各大新闻媒体争相报道。航天部门的领导们说，杨利伟之所以最终被选中，主要有三方面的因素，其中很关键的一条就是他的心理素质过硬，具有很强的口头表达能力，而且说话有条理、有分寸。杨利伟总认为航天没有小事可言，什么都很重要，因此，无论做什么事情，他都要尽自己最大的努力将其做好，甚至训练的总结会、训练的小节等这些在别人看来微乎其微的小事儿，他都不放过。在总结会上，杨利伟准备充分、发言积极，并且每次发言都条理清晰、逻辑性强，而且态度从容。在最终确定从三个候选人中选择一人首飞的时候，领导为难了，这三个人各方面都很优秀，难分伯仲，最后考虑到我国第一个踏入太空的宇航员，势必会受到全世界的瞩目，要接受各大媒体的采访，出席各种活动场合，进行巡回演讲，等等。所以最后决定让在口才上有明显优势的杨利伟进行首飞。杨利伟就是在口才上走在了其他竞争者的前面，因此他脱颖而出了。

但是，我们也常看到许多不会说话的人，他们不能表达自己的意图，话说得听起来费神，让人无法接受。

古代有一位国王，一天晚上做了一个梦，梦见自己满嘴的牙都掉了。于是，他就找了两位解梦的人。国王问他们："为什么我会梦见自己满口的牙全掉了呢？"第一个解梦的人说："皇上，梦的意思是，在你所有的亲属都死去以后，你才能死，一个都不剩。"皇上一听，龙颜大怒，杖打了他一百大棍。而第二个解梦人则说："至高无上的皇上，梦的意思是，您将是您所有亲属当中最长寿的一位呀！"皇上听了很高兴，便拿出了一百枚金币，赏给了第二位解梦的人。

同样的事情，同样的内容，为什么一个会挨打，另一个却受到嘉奖呢？因为挨打的人不会说话，受奖的人会说话。

没有口才的人，有如发不出声音的留声机，虽然在那里转动，却让人产生不了兴趣。当今的社会是一个繁忙的社会，具有好口才的人，必然是社会中的活跃人物。口才是一种技术，也是一种艺术，要成功定要具备这样的技术。

◆ 好口才是社交的基本技能

每个人都希望善于交往，都希望通过交往建立起和睦的家庭关系、亲属关系、邻里关系、朋友关系……而这些良好的社会关系可以使个人在温馨怡人的环境中愉快地学习、生活和工作。在人际交往中，起决定性因素的，不仅有个人的行为，还有个人的言语。正如俗话说的“良言一句三冬暖，恶语伤人六月寒”，多说“良言”不出“恶语”，不仅是个人的意愿问题，更涉及口才高低的问题。

在我们的身边，有许多不善言辞的人，因为不懂把握说话的时机，说了不合时宜的话，给别人带来了困扰，更给自己带来了不必要的麻烦，影响了与他人的正常交往。

医生小邹是个实干家，他的专业水平人人都夸，可就是无法准确地表达自己的意思，从而经常让人误会。

有一次，小邹要赶到好朋友小张家去参加小张的婚宴。

他拼命蹬着自行车，但来到小张家，已经迟到了一段时间，于是小张要罚酒三杯。

小邹听了急得乱叫：“我不想迟到，谁知道送来了急诊病人，救了半天也没救活，死了。”大家听了，个个脸有愠色，小张想改变一下气氛，连忙让小邹去见新娘。来到新娘面前，小张介绍小邹和新娘认识。

小邹得意地说："新娘子嘛，跟她熟透了，她烧成灰我也认得！"

新娘立刻气得满脸通红，满屋子的好朋友都尴尬极了。

最后，虽然小邹滴酒未沾，但大家一致认为他喝醉了，于是决定把小邹送回家去。可是，小邹自己还不知道是何原因呢！

小邹的例子告诉我们，善于说"良言"很重要，一个不懂得把握说话时机，不会说"良言"的人，一定不会有什么好果子吃。

诚然，有许多人觉得自己说话不流利，不能自如地表情达意，感到生活上很不方便。他们平时很少说话，若跟几个熟得不得了的人，东拉西扯倒可以，可是一到跟其他人打交道时，一句有用的话也说不上来。他们在社交中，处处觉得话不达意，时时感到困窘。于是，别人就会说他们是老实人，他们也会渐渐地觉得自己是老实人，自己对自己说，或是对别人说：我是老实人，我不会说话。好像老实人就必定不会说话，不会说话的必定是老实人。这样一来，怪不得有人取笑说："老实乃无用之别名。"如此，任何人都应检视一下自己是否会说话。

一个善于说"良言"且能顺畅地表达自己意图的人，在社会交往中往往如鱼得水，由于他可以把自己的意图很完美地表达出来，别人听后也会非常乐意接受。此外，还可以通过交谈推测出对方的意图，从中受到启发，从而进一步了解对方并与之建立友谊。

宋徽宗不但具有绘画天赋，而且写得一手好字。为此他也常常询问大臣："我的字写得怎么样？"大臣们也无不奉承地说："陛下的字好，天下第一。"

有一天，宋徽宗召见老朋友、著名书法家米芾。于是询问米芾："米爱卿，朕的字怎么样？"米芾是书法大家，书法胜过宋徽宗，如恭维皇帝第一，必然要委屈自己，万一被宋徽宗发现还会犯"欺君"之罪的；如果夸耀自己第一，又必然会使皇帝扫兴，这还真是个不好回答的难题。聪明的米芾灵机一动，说："臣以为在皇帝中，您的字是天下第一；在大臣中，则微臣的字天下第一。"宋徽宗听了心领神会，不得不打心底佩服米芾的真诚和机灵。

米芾的能言善辩不但给自己化解了窘境，还愉悦了他人，达到事半功倍的效果。因此，一个人要想在复杂的人际关系圈里游刃有余，就应该拥有良好的口才。因为，好口才具有无穷的魅力。它会让原本就熟识彼此的人情意更浓，爱意更深；会使陌生的人相互产生好感，产生深厚的友情；可以使意见有分歧的双方相互理解，消除矛盾；还可以令彼此怨恨的人化解敌意，友好相处。

◆ 好口才能说服他人

如何克服与人沟通中的心理障碍？如何应对下属或他人的质问？如何同反对自己的人相处？如何激发部下的能力和创造力？如何说服顽固的谈判对手？如何使对方心悦诚服地接纳自己？……这是当前每一个人所面临的社会难题。

传统的管理学，强调权威式的管理方法。领导者高高在上地发号施令，下属必须不折不扣无条件地执行，且自鸣得意，以为这样才能显出领导者的威严。其实，这种陈旧、专制和生硬的方法，不但不能解决上述难题，反而使领导者与被领导者之间横亘一条难以逾越的鸿沟。

那么，能否在两者之间架设一道桥梁，消除彼此间的隔阂与对立，使之达到心灵上的共鸣呢？

有，那就是——说服。

这是一个自由的世界，你可以一言不发直到你离去，或者让嘴巴毫无目的地响个不停，无人有权对此干涉。但当你走过人群时，不能抱怨遭到冷落或遇到嘲笑的眼光，因为人们来到这个世界，不是说服别人就是被别人说服。

何谓说服？一言以蔽之，说服就是使对方能主动地“起而行”。也就是使对方自动自发地成为“被说服者”。因此，是否成功地说服了对方，需要检验对方是否自动自发、自觉自愿“起而行”。如果只是强迫性地去改变他人的意愿，那只会徒增反感。诚如一位西方哲人所说：“牵马到岸边，强迫不想喝水的马喝水，实在是不可能的。”即使举起枪来威胁，也只不过是为活命而暂时屈服罢了。诱以整沓的钞票，对方即使做了，为的也只是金钱而已。用手枪威吓、用金钱利诱，驱使对方就范，这只是对方在不得已的情况下，所采取的权宜之策，这不能算是说服。

对于已起反感的对方，即使他能不停地去做，也称不上是说服了。人心理的自动“起而行”和反感之间，就如钟摆的摇动，能以一种和谐、双赢的方式来牵引对方到自动自发的方向去，才称得上是说服。

战国时期，赵国的太后刚刚执政，秦国趁机攻打赵国，形势非常危急。赵国向盟友齐国求救，齐国答应出兵支援，但是有个条件，就是要求长安君到齐国做人质。长安君是赵太后最疼爱的小儿子，做人质要寄人篱下。在那个动荡战乱的年代，人质的性命常常很难保证。所以对于齐国的要求，赵太后断然拒绝。

赵国的大臣们都十分着急，纷纷劝说太后答应齐国的条件，太后非常生气，宣下旨意：“谁再来劝我让长安君去做齐国的人质，我就杀了他。”大家一听，都不敢再开口了。

秦国的进攻日益加紧，赵国危在旦夕，老臣触詟看在眼里，十分忧虑，决定冒险规劝一次太后。太后听说触詟要来劝她后，怒气冲冲地在大殿等他。

触讋故意小步缓慢地走上殿堂，先谢罪说："老臣的脚有毛病，不能快走，非常失礼。很久没有来拜见太后您了，担心您的身体，今天特来问候！"

看到触讋老态龙钟的样子，太后不忍苦着脸，跟着感慨道："我现在进出也要靠车子才行了，我们都老喽！"

"那吃饭还好吗？"触讋很关切地问。

"只能喝些稀粥，成天这么多的烦心事，哪里有胃口啊！"

"我的胃口也不好，但我还坚持散散步，每天走二三里路，增加点儿食欲。"

"唉，我可做不到。"太后叹了口气，脸色好多了，先前的怒气基本看不到了。

这时，触讋用恳求的语调说："太后，老臣有个儿子叫舒祺，排行最小，不成材，但老臣很喜欢他。老臣想请求您让他当一名侍卫，也算为国家出些力。"

"好啊，他几岁啦？"

"15岁，虽然还不大，但我想趁我活着的时候先安排好。"

"原来男人也疼爱自己的小儿子。"太后笑了。

"当然，我喜欢这个小儿子比他妈妈还多呢。没办法，天下父母心嘛。"

太后很开心，谈话的气氛越发缓和了。

这时，触讋趁机说："老臣认为太后疼爱女儿燕后比长安君要多。"

"这怎么可能？"太后睁大了眼睛。

触讋很感慨地说："父母疼爱儿女，总是替他们做长远的打算。当年您送燕后远嫁外地，她也哭个不停，不愿意远离家乡；出嫁后，您非常想念她，但每次祭祀时总是祈祷她不要回国，好好当她的王后。这不是替她做长远打算，让她的子孙世代继承王位吗？”

“是啊！”太后点头说。

触詟进一步说：“您想过没有，三代以前，甚至赵国的开国重臣，现在子孙封侯的还有吗？”

“没有了。”太后想了一下说。

“是那些封侯人的子孙都不好吗？没有能力吗？不是的。关键是他们没有功劳。没有功绩却享受很高的俸禄，有很高的地位，时间长了就难服众啦。现在您宠爱长安君，可以提高他的地位，赐予他土地与财宝，可您不让他为国立功，您百年之后，长安君凭什么服众呢？所以我认为您没有替长安君做长远打算，说您对他的爱不如对燕后的爱。”

一席话，让赵太后醒悟了，她改变了想法，同意长安君到齐国为人质，让他为解决赵国的危机出力。齐国很快出兵，击退了秦军，赵国平安了。

可以说，触詟的说服力是十分了得的。他劝谏赵太后的过程真是精彩——以柔克刚，以情动人，能言善辩，而蛮横固执却又爱子心切的赵太后最终被他成功说服。

美国人类行为科学研究者汤姆士指出：“说话的能力是成名的捷径。它能使人显赫，鹤立鸡群。能言善辩的人，往往使人尊敬、受人爱戴、得人拥护。它使一个人的才学充分拓展，熠熠生辉，事半功倍，业绩卓著。”他甚至断言：“发生在成功人物身上的奇迹，一半是由说服力创造的。”

“说话和事业的进步有很大关系，如果你出言不慎，或是容易与人争辩，那么，你将很难获得别人的同情、别人的合作和别人的动力”。这是千真万确的，一项事业的发展，常会在一次谈话中获得效果。无数成功者的事实证明，敢于当众讲话、拥有好口才、善于说服别人是成功的催化剂，它直接关系着事业的成功。

经过精心的准备策划，西蒙·福格来到英国著名的《泰晤士报》总经理办公室求职。

他问：“你们需要一位好编辑吗？”言下之意自己就是好编辑。

“不需要。”拒绝得很干脆。

“那么，好记者呢？”

“不需要。”拒绝得同样干脆。

“那么，排字工、校对员呢？”西蒙坚持不懈。

“都不需要。很抱歉，我们现在没有空缺。”明摆着事情要没戏了。

“那么，你们一定需要这个。”说着，西蒙从包里拿出一块很精致的牌子，上面写着“额满，暂不雇用”。

总经理被西蒙新颖、独特的求职方式所打动，破格给他安排了一个职位。25年后，西蒙·福格成为这家报社的总编辑，名扬世界。

1983年元旦，英国女王为多年给首相撒切尔夫人担任顾问的戈登·里斯授以爵位。他的主要功绩是：有效地提高了撒切尔夫人的演说能力和应答记者提问的能力，为撒切尔夫人撰写了深得人心的演讲稿……一句话，为英国塑造了一位崭新的“风姿绰约、雍容而不过度华贵、谈吐优雅和待人亲切自然的女首相形象”。由此可见，英国王室和政界对政治家的说服力是如何的重视。

自从有了人，影响其他人或其他团体行动的能力就成为人类文化的一个不可或缺的因素。纵观人类历史的重大变革，它们几乎都是由那些在说服过程中掌握主动的个人所引导的。这些人能够让别人相信，跟随他们的信念将使自己的生活完全为之改观。

◆ 生活难题在巧说下得以解决

平时，我们与不同的人交往，常常会出现意想不到的事情。或生气，或尴尬，很多时候甚至让人下不了台。但是，只要能及时转换角度，巧说妙解，不但能给自己找个台阶下，甚至能给生活增添某种乐趣。

一位美籍华人在西雅图开了一家中餐厅，为了招徕顾客，客人用餐后离去时，店主总会送一盒内附一张精致“口彩卡”的点心，卡片上通常会印着“吉祥如意”“幸福快乐”等吉言。

有两位虔诚的基督徒是这家餐厅的老主顾。他俩结婚后的某一天，满怀喜悦来到这家餐厅，在他们期待美好祝福的时刻，打开点心盒，却意外地发现没有往常的“口彩卡”，顿感十分不吉利，心里老大不高兴。他们便向老板“兴师问罪”，不论老板怎样赔礼道歉，他们就是不依。看到这种情景，老板的弟弟微笑着走上前去，说了一句美国常用谚语：“No news is good news。”（没有消息就是最好的消息）听到这句话，夫妇俩高兴地和他握手拥抱，连连道谢。

在意外事件面前，兄弟俩的处理方式大不相同，兄长采取的是正面消极应对的说话策略，可并不能消除意外事件给这对新婚夫妇造成的不祥之感，而越赔礼道歉越加重这种情绪。弟弟则不然，他主动投其所好地说话，通过对意外事件（没有口彩卡）做出机智的解释，直逼要害，较好地满足了对方的心理需要，既掩盖了过失，又消除了对方的不祥之感，可谓一举两得。

还有这么一个故事——

诗人莫非应邀到北京某大学中文系作家班做学术讲座。在他谈到自己的诗作时，准备朗诵一段给大家听，可是诗稿放在了一个学员的课桌上，诗人便走下台去拿。这个学术讲座是设在一个阶梯式的教室里，诗人上台阶时，一不留神一个趔趄就倒在了第二级台阶上，这种情形让学员哄堂大笑起来。

面对这种窘迫的情形，诗人优雅地站起，整理了一下衣着，然后缓慢地转过身面对学员，指着台阶说："你们看，上一个台阶多么不容易，生活是这样，作诗亦然。"

诗人话音未落，教室里顿时响起一阵热烈的掌声。

诗人笑了笑，接着说："一次不成功不要紧，可以再努力！"说着，他摆出一副很用力的样子，迈步上了讲台，继续他的讲座。

优秀的口才，不失时机的完美表达，不仅可以让人有"台阶"下，还会使人有"台阶"上，在大众面前游刃有余。诗人莫非的故事说明的正是这样一个道理。

◆ 好口才的巨大作用

古龙说："有人的地方，就有江湖！"在武侠世界里，侠客们依靠武功行走江湖；在现实世界里，我们要靠口才纵横天下。那些口才好的人能够把一张嘴变成解决困难和成就大事的撒手锏。

找到好工作

美国青年哈蒙去西部矿业公司谋职，被该公司老板哈司托当场拒绝。哈司托拒绝的理由很古怪："我不喜欢你的理由是因为你在佛来堡做过研究，你的大脑里我想一定装满了一大堆傻子一样的理论。因此，我不打算聘用你。"

原来，这个老板是个白手起家的实干家，没有读过多少书，但工作经验极其丰富。在长期的工作实践中，老板形成了对学院派的很深偏见。而哈蒙呢，很不幸，他不仅是美国耶鲁大学的高才生，还在德国佛来堡大学攻读了3年硕士。

刚刚学成归来的哈蒙听后，装出胆怯的样子，小声地对哈司托说："如果您不告诉我的父亲，我就告诉您一句实话。"哈司托觉得有点意思，便向哈蒙保证严守秘密。

哈蒙得到了承诺，左看看右看看，好像生怕别人听到似的，这样说："其实在佛来堡的几年，我一点儿学问都没有学到，我天天在外打工，想多挣点儿钱，并多积累点儿实践经验。你可千万别把这个秘密告诉我父亲！"

哈司托听了，忍不住哈哈大笑，高兴地说："好！这很好！我就需要你这样的人，那么，你明天就来上班吧！"

是什么导致哈司托前后态度的大转变呢？是哈蒙的话。那么哈司托真的相信哈蒙那个所谓的"秘密"吗？当然不是。哈司托只是觉得这个年轻人很有意思、很聪明。而哈蒙面对哈司托满脑子的偏见，用一句巧妙的话来表达自己尊重老板的意见，维护了老板的尊严，同时也显示出自己过人的机智与幽默。试想一下：如果哈蒙换一种说话方式，据理力争，其结果无疑是双方不欢而散。

潇洒走职场

李经理宣布了一份新的业绩考核制度，对工资构成进行了一次很大的改革，引起了公司业务部不小的震动。业务部里的人为此议论纷纷，总的来讲是多数赞成少数反对。正在大家踊跃各抒已见之时，李经理走了进来。大家顿时住嘴，各忙各的活儿。

李经理当然知道这些人在讨论什么，他想借这个机会整一整反对他的人。于是，他当着大家的面，问资历最浅的业务员小赵：“小赵，对于新的业绩考核，大家的看法如何？”

“经理，有的赞成，有的反对。”小赵回答。

“哦？那你的态度是……”李经理设下了套子。

“经理，我赞成同事们的看法。”小赵不卑不亢地避开了陷阱。

小赵的回答很高明。首先，在李经理问“大家的看法如何”这个问题时，小赵选择了基本如实地汇报，即“有的赞成，有的反对”。但他没有画蛇添足地具体说明“多数赞成”和“少数反对”。他如果说得太具体了，势必招来反对方的怨恨。接下来，面对李经理设下的套子：“你的态度是……”，小赵更是不敢怠慢。我们姑且不论他的态度如何，总之不论他答“赞成”还是“反对”，都会招来一些同事的怨恨。而且，他回答“赞成”吧，难免有人怀疑他拍马逢迎；说“反对”吧，正好被李经理抓个典型杀鸡骇猴。所以，他用“我赞成同事们的看法”这个模糊语言，轻易地化解了危机。

经理本来想借题发挥，但没有如愿。于是又生一计，开门见山：“哪些人赞成，哪些人反对？”小赵被逼得没有退路了，只得把头转向同事们，问：“刚才是哪些人赞成？”将烫手的山芋丢开却不露丝毫痕迹，不留丝毫把柄。

也许有人会担心：这样的回答会不会惹恼经理？我想这个担心是多余的，聪明善谈的人谁都喜欢，随便“出卖”同事的人最多只是被领导利用一下，并得不到领导真正的青睐，因为——这样的人说不定在哪一天也会把领导、把公司利益给出卖了呢。更何况，业务部门更需要这种精于权衡、善于说话的人才。

抱得美人归

在追求爱情的道路上，口才好的男人占了先机。他们更懂得如何用语言来打动心仪的女性，来取悦对方，从而赢得对方的青睐。

一个普通的年轻军官，在一次酒会上看中了一个美丽的女孩。酒会结束后，军官请求这位女孩让他送她回家。女孩答应了，坐上了军官的车。

军官问了女孩的住址后，就发动车子上路。他们的车在小城的街上转悠了一个多小时，才终于把女孩送到家。其实，女孩的家就在附近不远，只有十多分钟车程。

下车时，女孩随口问："你来这里不是很久吧？对于这个城市的路，你好像还很陌生。"

"不，我对这个城市的路非常熟悉。如果我不熟悉，怎么能够开了一个多小时的车，却一次也没有经过你家的门口呢？"军官微笑着说。

多么巧妙而又聪明的求爱暗示！清晰地传递出了一见倾心的爱慕，却婉转得没有丝毫唐突、圆滑得没有半点生硬。要对这样的人不产生好感，真是很困难。

这位美丽的女孩，后来嫁给了军官。那位军官，后来成为美国赫赫有名的五星上将。他的名字叫卡特利特·马歇尔。

口才好的人不仅能够抱得美人归，还能在"归"后把小日子过得和和美美。谁愿意整日和一个不太爱说话、说错话、说胡话、说假话空话套话的人生活呢？

反败为胜

在美国南北战争之后的一次竞选中，参加过战争的一位士兵约翰·爱伦和参加过多场战争的陶克将军竞选国会议员。陶克将军在战争中功勋卓著，战后曾任过三次国会议员，而爱伦则显然处于劣势。然而经过一场竞选辩论后，爱伦却击败陶克取得了胜利。我们来看看爱伦是如何做到的。

陶克将军在竞选时说："诸位同胞，记得就在17年前的今天，我曾带兵在茶座山与敌人激战，经过激烈的血战后，我在山上丛林里睡了一个晚上。如果大家没有忘记那次艰苦卓绝的战斗，请在选举时，也不要忘记那个吃尽苦头、风餐露宿而屡建战功的人。"陶克将军列举自己的战绩，想唤起选民们对他的充分信任。果然激起了一阵掌声和欢呼。

轮到爱伦演说了，他用低缓深沉的声音说："同胞们，陶克将军说得不错，他确实在那次战争中立了奇功。我当时是他手下的一名无名小卒，替他出生入死，冲锋陷阵。这还不算，当他在丛林安睡时，我还携带着武器站在荒野之上，来保护他。"他的语音一落，立即引起了选民们更加热烈的掌声。

爱伦作为一个参战的小兵，要和将军比战功显然会处于劣势。所以爱伦避开战功不谈，只选取了战争年代在山上露宿这一个小小的片段。通过这个片段，他让选民们明白了：将军赫赫战功其实是由千万个和自己一样默默无闻的小兵的牺牲换来的。他还用事实说明了：在战争年代小兵们比将军更艰辛与危险。显然，这些话更能打动同样默默无闻的选民们的心。而更巧妙的是，他的话中没有一句诋毁将军战功的话。

看了以上这些鲜活的例子，你一定体会到了好口才的巨大作用了吧？事实上，良好的口才还能增加一个人的自信，以及优化一个人的性格。一个人在别人面前、在众人面前，若能够清晰准确地、生动形象地表达出自己的思想和意图，这个人的自信心必定会大增，性格也会越来越温煦与美好。

◆ 什么样才算口才好

口才顶呱呱的人——

是那个口吐莲花、能把一堆稻草说成一座黄灿灿的金山的人吗？

是那个出口成章、把语言包装得像情人节的礼品般漂亮的人吗？

是那个言辞凌厉、把别人说得节节败退无任何反手之力的人吗？

是那个摇舌鼓唇、天文地理前五百年后三百年无所不谈的人吗？

经过很多人的细心观察、专心分析、用心比对，最后发现——

口才顶呱呱的人是一个讲道理的人。世间万物都逃脱不了一个“理”字，谁不讲理，就会遭到报复——这是“天理”。俗话说得好：有理走遍天下，无理寸步难行。良好的口才，首先要建立在讲理的基础之上。但“理”这个东西，看不见摸不着，人人难免对其有困惑的时候。这时候，就需要一个来“说理”的人，或用确凿的事实、清晰的表达，来说明事理的必然，或用客观的理论、严密的逻辑，来证明事理的正确。

刘邦在打下江山后，喜欢到皇家园林打猎消遣。皇苑占地面积很大，丞相萧何向汉高祖刘邦建议将苑中的大片空地划给老百姓耕种。刘邦一听，大为光火，认为萧何胆大包天居然要来动皇家园林的土，一定是接受了老百姓的大量钱财，才这样为他们说话办事。于是萧何被捕入狱，同时接受审查准备治罪。就在这紧要关头，刘邦旁边的一位侍卫官上前向刘邦进言：“陛下是否还记得当年楚汉战争以及后来铲除叛军的时候吗？那几年，皇上在外亲自带兵讨伐，只有丞相一个人驻守关中，关中的百姓非常拥戴丞相。假如丞相稍有利己之心，那么关中之地就不是陛下的了。您认为，丞相会在一个可谋大利而不谋的情况下，去贪百姓和商人的一点儿小利吗？”没有风险的大财不去贪，不会冒风险去贪图一点儿小利——这就是“理”。刘邦在道理面前也不得不低头，当天便下令赦免萧何。

口才顶呱呱的人是一个有感情的人。当晓之以理行不通时，口才高手会动之以情。再硬的汉子，在真情面前也会被软化。因此，在与人沟通中，除了要善于以理服人外，还要懂得以情动人，多使用具有情感交流作用的词语来舒缓气氛、沟通心灵、理顺情绪。这个世界最难征服的不是山峰而是人心。如果你学会了用感情去征服人心，你的口才将更上一个台阶。

李大爷和张大爷是多年的同事加邻居，只因为各自不懂事的小孙子打架而造成了隔阂，互不说话、形同陌路。李大爷多次上门想化解，但总是没有取得什么效果。这次他又上门了，对张大爷说：“我今年62岁了，你比我大3岁，65了吧？记得我们那一批青工刚进厂时，20出头，多年轻！我们一起打篮球，摸鱼，有一次去乡下偷新鲜的苞谷，被农民一阵猛追，我爬不上那个山坎，幸亏你在上面给我搭了一把手，要不就被逮住了，说不定要挨揍呢。现在，当年的那帮调皮青工，有几个都不在人世了，唉……我们也是半截身子入黄土了，还有多少年活头呢？想一想，为了小孩们的那点破事儿生气，真不值得呀。难道我们还要把这些不好的东西带到坟墓里去吗？”这番话，完全抛开谁对谁错的纠缠，直接将矛头对准人的情感。有道是“通情达理”，情一通，理就自然达了。李大爷的话，即使铁石心肠的人听了也找不到拒绝的理由。

口才顶呱呱的人是一个口吐芬芳的人。口才高手早就知道：人人都喜欢听好话、受赞美。口才高手还知道，在这个物价高企的社会，美丽的辞藻是为数不多的免费“物资”之一。除此以外，口才高手的出众之处还在于知道如何恰当地赞美别人。赞美是一门精致的艺术，高手们总是能不露痕迹地说到别人最受用的地方。

美国前总统柯立芝，发现自己的女秘书在工作上经常出现差错，便决心帮助其改正。一天早晨，柯立芝看见女秘书走进了办公室，对她说："今天你穿的这身衣服很合体，你穿着很漂亮。"女秘书受宠若惊，柯立芝接着又说："要是你能把公文处理得和你的衣服一样漂亮，那就更完美了。"从那天起，女秘书在工作上很少再出差错了。看看，即使是一句批评的话，因为有了赞美的"糖衣"也显得那么令人受用。赞美之言，犹如阳光普照万物，让身处其中的人熠熠生辉。赞美之言，犹如一张甜蜜的罗网，身处网中的人心甘情愿被俘虏。

口才顶呱呱的人是一个幽默风趣的人。口才再好，若是没有幽默感，就好比一个园林里楼亭阁榭，有山有水，有草有木，就是没有花。没有花的园林，布局再合理，也少了些灵气与生动；没有幽默的口才，说话再雄辩，同样也少了些灵气与生动。

一个顾客在酒店喝酒，他喝完第二杯后，转身问老板："你一星期能卖多少桶啤酒？""50桶。"老板得意扬扬地回答说。"那么，"顾客说，"我倒想出一个能使你每星期卖掉100桶啤酒的方法。"老板很惊讶，忙问："什么方法？""这很简单，只要你将每个杯子里的啤酒装满就行了。"这位顾客的本意是指责老板卖的啤酒只有半杯，但他却用了一种幽默的方法，巧妙地指责了老板的行为。

◆ 6种不会说话的表现

酒逢知己千杯少，话不投机半句多。话说得有水准，自然招人喜欢；相反，不善说话的人，往往容易惹人反感。那么，不善说话表现在哪些方面呢？

第一，喋喋不休。在与人交谈中，总将自己放在主要位置，自始至终一人独唱主角，喋喋不休地推销自己，滔滔不绝地诉说自己的故事。有个名人说过，漫无边际、喋喋不休无疑是在打自己付费的长途电话。这样不但不能表现自己的交谈口才，反而令人生厌。“一言堂”不能交流思想，不能增进感情。交谈时应谈论共同的话题，长话短说，让每个人都充分发表意见，留心别人的反应，这样才能融洽气氛，众情相悦。正如亚历山大·汤姆所说：“我们谈话就像一次宴请，不能吃得很饱才离席。”

第二，逢人诉苦，处处散播悲观情绪。在人的一生中，每个人都会遇到挫折和苦难，但每个人对待挫折与苦难的方式不同，有的人迎难而上，有的人知难而退，有的人却将苦难带来的愁苦传染给别人，在众人面前罗列辛酸，以获同情。交流中一味地诉苦会让别人觉得你没魄力、没能力，会失去别人对你的尊重。

第三，无事不通，说些显得聪明过人的话。言谈中，谈话的内容往往涉及天文、地理、历史、哲学等，古今中外、日月经天、江河行地般的话题。如果在交谈中表现“万事通”“耍大能”，到时定会打自己的嘴巴，砸自己的脚。因为交谈是为了相互了解、相互交流，而不是表现学识渊博、见识广泛的舞台。更何况老子曾说过：“言者不知，知者不言。”交谈中什么都说的人未必什么都知道。

第四，说空话套话，就是不讲实话。大多数的孩子都喜欢肥皂泡，被吹出来的肥皂泡在阳光下闪耀着色彩艳丽的光泽，实为美妙。五彩泡泡不断升高，会一个接一个纷纷破碎。所以人们常把说空话喻为吹肥皂泡，真是再恰当不过。一些动听、虚幻诱人的词句，细细咀嚼没有任何实在的内容，是迟早会破灭的。

说话是为交流思想，传达感情。因此，交谈总得让对方知道你心中要表达的是什么。只要开口，不管是洋洋万言，还是三言两语，不管是海阔天空，还是一问一答，都应使人一听就懂。一些人惯用现成的套话来代替自己的语言。三句话不离套词，颠来倒去就那么几句，既没有思想性，更没有艺术性，令人听后味如嚼蜡。

中央电视台曾有个一度深受观众喜欢的栏目，叫《实话实说》。受观众喜欢就是因为说实话，不说空话套话。

第五，说话武断。武断是交谈的毒药，如果你开口“当然”、闭口“绝对”，那别人还有什么话可说呢？

所以，你要尽可能避免说这样的话：“所有的政治，都是欺骗。”“所有的战争都是罪恶。”“所有的女人都是弱者。”像这样的话，不但使你显得偏激，而且也不符合事实。在你的语句中，要多用一些这类字眼：“有的人……”“有的时候……”“可能”“也许”“或者”……给你的意见或判断略微加一些限制，留一点儿余地。在说完自己的意见之后，也不妨问一问对方：“这是我个人的看法，你觉得怎样？”或者说：“我可能有错，我希望知道你的看法。”

更重要的是，要警惕自己不要用一种非常肯定的语调来讲话，好像大将军发布命令似的。不管你说什么，这种腔调别人一听就不舒服，就觉得你把自己抬得太高了。这种把自己放在一切人、一切事之上的态度，不久就会使你陷于完全孤立的境地。

第六，习惯于质问。谈话时习惯质问对方，多半胸襟狭窄，好吹毛求疵，与人为难，或性情孤僻，或自大好胜，所以即使在说话小节上，也把他的品格表现出来。其实，除了在不得已的场合，如在法庭上辩论之外，质问的对话方式是大可不必采用的。如果你觉得意见不对，你不妨立刻把你的意见说出来，何必一定要先来个质问，使对方难堪呢？

例如，甲："我想昨天是今年以来最酷热的一天了。"乙："你怎会这么说呢？"

对方虽然说错了，但你何必要先给他一个难堪的质问呢？你既知道昨天热度不过34℃，而前天却达到35℃，那么你就说出来好了。先质问，后解释，犹如先向对方打了一拳，然后再向他解释一样。这一拳，足以破坏双方的情感。被质问的人往往会被弄得不知所措，自尊心受到很大的打击，如果对方也是个脾气不好的人，必会恼羞成怒，而激起剧烈的争辩。

◆ 口才需要靠后天锻炼

在生活中，我们总能看到一些人非常有口才。其实，说话的天才，并不是天生的，而是从现实中锻炼出来的。

没有哪种活动是不必开口说话的，商业、社交、政治甚至社区工作无不需要口才。练习的机会越多，改进的机会也就越多，到处都是练习谈话的题材和对象。只有不停地练习，你才能知道自己可以进步到何种程度。

许多擅长说话的人，最初大都是笨嘴拙舌的人。

著名的演说家和心理学家爱德华·威格恩先生曾经非常害怕当众说

话或演讲。他读中学时，一想到要起立做5分钟的演讲，就惊悸万分。每当演讲的日子来临时，他就会生病，只要一想到那可怕的事情，血就直冲脑门，脸颊发烧。读大学时情况依然没有得到改变。有一回，他用心地背诵了一篇演讲词的开头，而当面对听众时，脑袋里却“轰”地一下，不知身在何处了。他勉强挤出开场白：“亚当斯与杰克逊已经过世……”就再也说不出一句话，然后便鞠躬……在如雷的掌声中沉重地走回座位。校长站起来说：“爱德华，我们听到这则悲伤的消息真是震惊，不过现在我们会尽量节哀的。”接着，是哄堂大笑。当时，他真想以死解脱。后来，他诚恳地说：“活在这个世界上，我最不敢期望做到的，便是当个大众演说家。”

同样如此，像林肯、田中角荣等世界著名演说家的第一次演讲都是以失败而告终的。那么，他们为何会在如此薄弱的基础上获得了令人惊奇和引人注目的成功呢？也许每个人都会产生这样的疑问，每个人也都有过这样的梦想，希望自己有朝一日能像他们一样口若悬河，娓娓而谈，令人折服。其实，答案很简单，只要勇敢地面对现实，大胆地面对挑战，刻苦勤奋，坚持不懈地努力练习，完全可以拥有出色的口才，实现自己的梦想。

狄里斯在西欧被称为“历史性的雄辩家”。但他的雄辩并不是天生的才能，也是后天练就出来的。

据说，他天生嗓音低沉，且呼吸短促，口齿不清，旁人经常听不到他在说些什么。当时，在狄里斯的祖国雅典，政治纠纷严重，因此，能言善辩的人格外引人注目，备受重视。尽管狄里斯知识渊博，思想深邃，十分擅长分析事理，能预见时代潮流和历史发展趋势。但是当他做了一番周密细致的思考，准备好了精彩的演讲内容，第一次走上演讲台，就不幸遭到了惨痛的失败，原因就在于他嗓音低沉、肺活量不足、口齿不清，以至听众无法听清楚他所言何事、何物。但是，狄里斯并不灰心，他反而比过去更努力地训练自己的说话能力。他每天跑到海边去，对着浪花拍击的岩石放声呐喊；回到家中，又对着镜子观察自己说话的口型，做发声练习，坚持不懈。狄里斯如此努力了好几年，终于功夫不负有心人，再度上台演说时，他博得了众人的喝彩与热烈的掌声，并一举成名。

由此可见，只有刻苦勤奋、坚持不懈地努力练习，才会获得令人惊奇和瞩目的成功。因此，我们不应该放过任何一次当众练习讲话的机会。

我们要珍惜每一次练习说话的机会，当我们参加某一个团体、组织，或出席聚会时，不要只袖手旁观，而要施展浑身解数，勤奋地进行口才练习。比如，主动协助他人处理一些工作，尤其是一些需要到处求人的工作。设法做各类活动的主持人，这样，你就有机会接触那些口才好的人，可以向他们学习说话的技巧，自然而然，你也就可以担负一些发表言论的任务。

在日常生活中，也可以寻找到讲话的机会。山姆·李文生在纽约任中学教员时，就喜欢与亲人、同事和学生就工作和生活中的一些事情发表意见，做简短的谈话。没想到这些谈话引起了听众热烈的反响。不久，他受邀为许多团体演说，后来，成了许多广播节目里的特约嘉宾。之后，山姆先生便改行到娱乐界发展，且成就非凡。现在他不但是广播、电视明星，而且还是在美国各地都很有影响力的演讲者。

即使读遍所有关于口才的书籍，如果不寻找机会开口练习，依然不会有口才上的出色表现。实践是必需的，当你勇敢地踏出第一步，以后要比你想象得轻松得多，不实践，你就会把困难想象得无限大。因此，如果你想要成为一个能言善辩的高手，不要错过生活给你提供的任何一次练习的机会。

第二章　敢于开口，秀出自己

很多人都有过这样的经历：在别人面前说话会紧张、恐惧。在会议等公开场合发言时，大脑会一片空白，无法开口。即使开了口，手心冒汗、双手发抖、声音发颤、语无伦次。这是什么原因呢？心理学上这样解释，说话者由听者的表情、动作及眼神中判断听者对自己的说话方式及内容感到不耐烦。

不过，并不是只有你一个人会紧张！无论是谁，无论他经历了多少事情，其紧张情绪多少都会存在，所以，紧张是很正常的事情。既然大家都会紧张，那还怕什么？

当然，仅仅了解到别人也会紧张是解决不了实质性问题的。了解这些，是为了让你对自己、对别人有所认识。要想真正克服恐惧情绪，使自己在众人面前自然流畅地说话，最关键的还是要多练习，先一个人自己多做发声练习，接着多在人前练习说话。不要错过在人多的时候发言的机会，这样才能消除恐惧，自然地说话。

◆ 不要害怕在人前说话

“我总是不敢在众多人面前说话，那样的话，我会面红耳赤、心跳加快，脑子里一片空白，说话哼哼唧唧、颠三倒四，老半天都不知道自己到底在说什么”。很多人坦然承认自己害怕当众说话，而且为此感到苦恼。英国历史上有位名为狄斯瑞的首相曾说：“我宁愿率领一队骑兵去冲锋陷阵，也不愿在下院做一次演讲。”

大多数人都害怕当众讲话，即使是职业演说家都不会例外。人们在说话的时候出现失败是很正常的事情，因为我们是人，而不是神。

英国杰出的现实主义戏剧作家萧伯纳以幽默的演讲才能闻名于世。然而，人们最多的是看到他的辉煌，很少有人知道，他20岁初到伦敦的时候，却羞于见人，胆子很小。遇上有人请他去做客，他总是会在人家门前忐忑不安地徘徊许久，而不敢直接去敲门。一次，朋友邀请他去参加一个学术辩论会。在现场，他慢慢地站起身，紧张极了，然后开始了他有生以来的第一次当众演讲。演讲完之后，他受到了很多人的讥笑。会后，他感觉自己充当了一次十足的傻瓜，蒙受了奇耻大辱。为了雪洗这个耻辱，在此后的一段时间里，他每周都要当众演说一次。人们在市场、教堂、学校、公园、码头，甚至在挤满三四千听众的大厅或者是只有寥寥数人的地下室里，都能看到他的身影，听见他的慷慨陈词。有人曾做过一个统计，在短短12年的时间里，萧伯纳的演讲竟然达到了1000多次。

正像萧伯纳的第一次演讲一样，害怕当众讲话是一种普遍的心理。许多大演说家的第一次讲演也并非都那样尽如人意，有的甚至还曾出现过非常难堪的场面。国际公认的杰出女活动家蔡特金第一次演讲的时候就出现过这样的状况。虽然在演讲前她已经做了细致充分的准备，可是一上台，紧张得把要讲的话全部忘掉了，大脑一片空白。英迪拉·甘地夫人在初次登台演说时，紧张得一句话都说不出来，自己都不知道自己讲了些什么，只是听到场下一名听众说道：“她不是在讲话，而是在尖叫。”在哄堂大笑中，她的讲话结束了，然后窘迫地走下了讲台。美国著名作家马克·吐温说他自己第一次在公开场合演说的时候，嘴里仿佛塞满了棉花，脉搏跳动快得像在争夺赛跑的奖杯。英国政治家路易·乔治说，自己第一次试着公开演说的时候，舌头抵在嘴的上腭，竟然一个字都无法说出来。美国前总统福特刚刚踏入政坛的时候，讲话也结结巴巴，让人听着很不舒服。这样的人实在是多得数不过来。然而他们在经过了第一次窘迫后逐渐地成长了起来，他们在战胜一次又一次的失败后开始变得能言善辩，沉着机智，最后成为举世闻名的演说家。

其实，当一个人害怕当众讲话的时候，往往认为只有自己怯场，而别人并不怯场，因此就总在想："为什么只有我一个人这样呢？"其实，这并非是某个人特有的现象，而是绝大多数人都有的现象，只不过别人对于怯场的现象不太注意罢了。

人们往往会被一些潇洒大方、谈吐自如的节目主持人所折服，被一些口若悬河、音色优美的播音员所倾倒。其实，他们并非天生如此。他们一样也有怯场的时候。每个人都有害怕当众讲话的情况，因此，害怕当众讲话是很正常的事情，如果一个人在任何场合都气色安定、谈吐自如，那才似乎有些异常。所以不要把说话当成负担，要敢于说话，要勇于在大众面前锻炼自己的讲演能力，只有如此，才会练就好口才，才能成就好人生。

◆ 克服说话恐惧的两道坎儿

1977年，一本名为《列表之书》的图书畅销美国。其中，有一章的标题是"人类的14种恐惧"。你知道排在第一的恐惧是什么吗？不是死亡（死亡排名第六），不是蛇虫虎豹，居然是"在一群人面前讲话"！

在一群人面前讲话真有这么恐怖吗？在一次聚会中，小袁对小高聊起了他对奥运会前后房地产与股票行情的走势预测，说得很有见地。聊着聊着，同桌那些聊天的人逐渐都被其话语所吸引，都不再说话，安静地听着小袁一个人“演讲”。小袁开始没发觉时还能侃侃而谈，突然当他发现一桌人都在听他说话时，一下子就乱了方寸，说话也开始结巴，言辞也没有了原先的水准……本来能言善辩，但一到台上面对众人，或成为一群人关注的中心，语言表达能力就迅速下降。这是不少人身上的常态，相信类似的经历，在不少读者中有过，并且有些人还在延续着类似的故事。

如何克服“人类第一恐惧”呢？最近，某电视台的主持人告诉观众，其实在上大学前，他是一个不敢当众说话也不善于说话的人，他成为主持人，除了苦练普通话外，还迈过了两道坎儿。

让我们来看看他究竟迈过的是哪两道坎儿?

说话紧张的坎儿

有些人在众人面前说话时，表情十分不自然，除了容易怯场之外，还常常说出几句自己也没想到的不合适的话或词汇，这令他们自己也大为吃惊。其实，导致这种现象主要是缺乏心理准备和实际训练，通过下列的训练完全可以克服。

第一，努力使自己放松。说话紧张的人大都是想要说话时呼吸紊乱，氧气的吸入量减少，头脑一时陷于麻木状态，从而不能把所想的词语说出来。

在某种意义上说，“呼吸”和“气息”是一个意思，因而调整呼吸就是“使气息安静下来”。

说话时发生不正常情况通常是这样的顺序：怯场—呼吸紊乱—头脑反应迟钝—说支离破碎的话。调整呼吸会使这些情况恢复正常。

说话时全身处于松弛状态，静静地进行深呼吸，在吐气时稍微加进一点力气。这样一来，心就踏实了。此外，笑对于缓和全身的紧张状态有很好的作用。微笑能调整呼吸，还能使头脑的反应灵活，话语集中。

第二，练习一些好的话题。在平时应酬中，我们可以随时注意观察人们的话题，哪些吸引人而哪些不吸引人？原因是什么？这样自己开口时，便能自觉地讲一些能引起别人兴趣的事情，同时避免引起不良效果的话题。

第三，回避不好的话题。哪些话题应该避免呢？从你自身来说，首先应该避免你不完全了解的事情。一知半解、似懂非懂、糊里糊涂地说一遍，不仅不会给别人带来什么益处，反而给人留下虚浮的坏印象。若有人就这些对你发起提问而你又回答不出，则更为难堪。其次是要避免你不感兴趣的话题，试想连你对自己所谈的话题都不感兴趣，怎么能期望对方随着你的话题而兴奋起来呢？如果强打精神故作昂扬，只能是自受疲累之苦，别人还可能看出你的不真诚。

第四，训练丰富话题内容。有了话题，还得有言谈下去的内容。内容来自生活，来自你对生活的观察和感受。我们往往可以从一个人的言谈看出他丰富的内涵及对生活的炽烈感情。这样的人总是对周围的许多人和事物充满热情，很难想象一个冷漠而毫无情致的人会兴致勃勃地与你谈街上正流行的一种长裙。

第五，训练语言方式。词意是否委曲婉转？话题是否恰到好处？言谈是否中肯？是否把握要领？口齿是否清晰明白？说话是否犯唠叨琐碎的毛病？说话音量大小是否适度？说话速度是否不急不缓？话中是否不带口头禅？说话是否简洁有力？措辞是否恰如其分，不卑不亢？话中是否带多余的连接词？说话是否真实具体？是否能充分表达说话目的？言谈时是否能设身处地为对方着想？说话是否心无旁骛、专心一致？话中是否含有自我吹嘘成分？是否只顾自己滔滔不绝地说个不停？是否出口伤人？是否能真诚地与人寒暄客套？说话是否能参酌量情？是否能掌握说话技巧？是否能巧妙掌握说话契机？是否能专心听人说话？

虽然，我们在和人应酬交谈当中，不可能时时都能使对方感到既愉快又有趣，但是训练有素的谈话能帮你赢得社交，给人留下好的印象。在公共场合与人交谈是一种社会行为，像其他社会行为一样，谈话也有一定的规矩，要做个谈话高手，都必须遵从。与人谈话，哪些可说，哪些不可说，有很多讲究。

关于这些，我们将其归纳为以下几项：不谈对方深以为憾的缺点和弱点；不谈上司、同事以及朋友们的坏话；不谈别人的秘密；不谈不景气、手头紧之类的话；不谈一些荒诞离奇、黄色淫秽的事情；不询问妇女的年龄、婚否、家庭财产等事情；不诉个人恩怨和牢骚；不述一些尚未明辨的隐衷是非；避开令人不愉快的疾病详情；忌夸自己的成就和得意之处。

羞怯怕丑的坎儿

一说话就脸红，一笑就捂嘴，一出门就低头，这是那些天性羞怯者的共同表现。怎么办呢？这里有一张专治羞怯心理的社交处方，可做参考。

想象自己是完美的化身。这是许多名模、影星在表演之前惯用的技巧，这也同样适用于工作职场，面对大客户或提案前，先静坐，心中默想曾有的愉悦感受，回想曾经聆听的悠扬乐章，越具体效果越好。以拥有者的态度步入每间屋子。昂首阔步，抬头挺胸，仿佛一切都在你的掌握之中。学习你所仰慕的人所有的美好特质，只要她（他）具备你所希望拥有的特质，都可以模仿。

大胆表现自我，把自信心视为肌肉，需要定时持之以恒地锻炼，如果稍有懈怠，它很快会松弛。改善外表，换一套干净的衣服，去理发店吹个发型，这些办法会使你觉得焕然一新，因而增强自信。

进行想象练习。想象自己正处在让你害怕的场合，然后设想自己该如何应付。这样在脑海里把自己害怕的场合先练习一下，有助于临场发挥。

逐渐接近目标，可以减少焦虑。掌握害怕的根源和知道害怕时会有的生理反应，如冒冷汗或呼吸急促，当它们出现时你就可以通过一些小技巧克服。说话时语气要坚定。没有自信的人都有说话过于急促、细声细气的毛病。说话的诀窍在于音量适中、语调平稳，速度不缓不急，此举显示你对说话的内容信心十足，利用呼吸换气时断句，内容则显得流畅有条理，切忌以疑问句结束陈述事实，以免影响语气的坚定。

专心倾听别人的讲话。例如在轮到你讲话之前，先专心听别人怎么讲。一来可以分心，不再一心只想着自己讲话的事；二是当你讲话时，别人也会专心听你讲的。

多提“问答题”少提“是非题”，可以使你处于主宰的地位。

要避免不利的字眼，与其自己对自己说“我感到很紧张”，不如说“我感到很兴奋”。

确信一个事实，其实在别人的心目中，你并不像你想象得那样害羞。设法避免紧张时的动作，例如你演讲时手会发抖，那就把讲演稿放在讲台上。

事情做好了，不忘自己庆祝一番，这样有助于增加自信。

平常要多多参与，不要拘泥，多参加活动，多与人接触，对克服羞怯心理很有帮助。确信自己一定会成功，摒弃一切不利的想法。要知道，人无完人，不要因为自己的弱点而自怨自艾。

◆ 战胜自卑，轻松开口

除了因为害羞、胆怯不敢说话以外，还有一些人是因为自卑而不敢说话。

所谓自卑，是指一个人对自己严重缺乏自信，认为自己无法胜任自身角色的一种异常心理。生活中，常有这样一些人，他们习惯于拿自己的短处与别人的长处相比，越比越觉得不如别人，越比越泄气，导致消极的自我评价，形成自卑心理；还有一些生性敏感的人总认为别人瞧不起自己，所以办事畏缩，回避交往，害怕交往，同样也形成自卑心理；更有一些人因为在与他人交往的过程中遭受过挫折，以致自卑，在众人面前不敢说话。总之，自卑心理产生的原因是多方面的。从主观上说，自卑心理是由于后天长期对自我的不当评价而逐渐形成的。从客观上说，自卑心理是因为个人的某些生理缺陷或者长期遭受失败体验而造成的。

一个人说话的时候，自卑可以分为以下4种情况。

第一，在别人说话优势面前的自卑。在我们的生活中，常常见到这样一些人，他们口齿伶俐，说起话来抑扬顿挫、生动形象……在这些强势的说话者面前，那些内心有自卑感的人往往会觉得很有压力。他们可能会想：我说话不流利，声音也不好听，如果我发言了，一定会被大家笑话的，还是不说为好，免得丢人现眼。这样，他在心理上被别人的说话优势“吓”倒了，因此变得越来越不爱说话。

第二，在别人独到见解面前自卑。比如，在学校课堂上，那些口齿伶俐、有个人独到见解的学生总是备受老师的青睐和同学的羡慕。让他们发言，对整个课堂来说无疑起到了点睛的作用。正因为如此，老师们总是喜欢请这些“优生”发言，冷落了那些原本就不善言辞的孩子。而那些“不爱”说话的孩子，也有“自知之明”，他们总觉得别人说得那么好，自己比不上人家，还是保持沉默的好。久而久之，他们失去了“发言权”，变得愈加自卑、不爱说话了。

第三，在别人的心理优势面前自卑。说话，从某种意义上来说并不是简单地用嘴表达，更有个人的思维、心理活动参与其中。说话能力、思维状况是稳定因素，心理活动则是变化因素。因此，一个人的心理活动常常影响到他的说话水平。面对不同的说话对象和说话关系，心理常会出现微妙变化。比如，小黄在平时和自己的同事说话聊天总是妙语连珠、气畅语酣。但一有领导参与其间，他就觉得对方说话水平高自己一筹。所以自己还没开口说话，在心里已经泄了气。

第四，因以往的说话失败的经历而自卑。有的人可能有过一些说话失败的经历，以致留下心理阴影。比如，在单位发言的时候，因为结结巴巴、漏洞百出，遭到了同事们的耻笑……从那以后，每每自己准备表达的时候，就会不自觉地想到了失败经历，于是，索性不说了。

总之，每一个自卑、不敢当众发言的人，都有过一些特殊的经历。要想纠正自卑的心理，应做到以下几点。

第一，多看到自己的优点，正视自己的缺点。正所谓“尺有所短，寸有所长”，每个人都有自己的优势。只要能不断地看到自己的长处，发现自己的闪光点，就能变得越来越自信，从而敢于大声说话和大胆积极地展示自己。

小钰是个自卑的孩子，在同学面前说话时，她的声音小得像蚊子叫。有一天，老师不耐烦了，就呵斥小钰：“你就不能大点声说话吗？你想想蚊子的叫声我们听起来能喜欢吗？”一时间，班上的小朋友哄堂大笑起来，还有一些孩子恶作剧地冲着小钰喊：“蚊子，蚊子，说话嗡嗡嗡的蚊子！”小钰可怜兮兮地站在讲台前，着急地哭了起来。后来，小钰索性不说话了，有什么问题就只是点头或摇头，这让爸爸妈妈很是着急。最后，小钰的爸爸妈妈不得不带着小钰去请教心理医生。面对这种情况，心理医生告诉小钰的爸爸妈妈，多赞美孩子，告诉孩子她的优点，这样，孩子就能慢慢地找回自信。在心理医生与爸爸妈妈的努力下，果不其然，小钰慢慢地恢复了自信，变得开朗活泼起来了，说话的声音也变大了。

第二，看清楚别人和自己的优势。一个人说话的时候自卑，从本质上说是对别人评估过高引起的。过高地评价了对方，从而看轻了自己，产生距离意识和崇拜意念，此时既卑且怯。如果能够加强对别人的认识，把对方看作是一个平常人或自己身边的好朋友，这样就会减少自卑感了。

第三，每次说话打退堂鼓的时候，都要鼓励自己再坚持三秒钟。在别人出色的表现面前打退堂鼓草草收场，不仅让自己尴尬，还会给以后的说话带来恶性循环。这个时候，只要坚持下去，哪怕说得不好，自卑心理也会得到有效的克服。

◆ 别让他人的看法主导自己

很多人之所以不敢秀出自己，与太在意别人的看法有关。他们在表达自己的思想时，瞻前顾后，察言观色，总是担心自己的言语会给对方带来负面影响，以至自己的“发言效果”大打折扣。其实，就算你虚心听取别人的意见，委曲顺从别人的“意愿”，那也未必能真正迎合别人——要知道，别人对你的看法总是有水分的，有的人总是挑好的说，如果以此为据，你可能会高估自己，自我感觉良好。但也有人可能专挑坏的讲，故意贬低你。所以，当你打算和别人交谈时，就不要太在意别人的看法，做真实的自我最重要。

美国著名女演员索尼亚·斯米茨小时候在一个农场里生活。那时候她在农场附近一个小学里读书。有一天，她回家后就伤心地哭了，父亲问时，她断断续续地说道："我们班里一个女生说我长得很丑，还说我跑步的姿势很难看。"

父亲听完她的哭诉后，没有安慰她，只是微笑地看着她。忽然父亲说："我能够得着咱们家的天花板。"

当时的索尼亚听到父亲的话觉得很奇怪，她不知道父亲想要表达的意思，就问："你说什么？"

父亲又重复了一遍："我能够得着咱们家的天花板。"

索尼亚完全停止了哭泣，她仰着头看了看天花板，将近4米高的天花板，父亲能够得着吗？尽管她当时还小，但她不相信父亲的话。

父亲看她一脸的不相信，就得意地对她说："你不信吧？那么你也别相信那个女孩子的话，因为有些人说的并不是事实。"就这样，索尼亚明白了：不能太在意别人说什么，只要自己不否定自己就行。

看了这个故事，你应该明白，太在乎别人对你的看法，你就不能做真正的自己了。如果什么事都想着别人怎么看，你又怎么能表现出真实的自己呢？有时候，我们没必要管别人怎么看，每个人都会有自己不同的看法，自己认为正确就行。

生活中，很多人都活在别人的眼光中，生活在别人的价值观里。上课回答问题的时候紧张，生怕回答错了遭到同学的嘲笑；走上工作岗位，又要尽可能使自己在同事的心目中是完美的，在老板的眼中是优秀的。

这是因为他们常常高估了自己在别人心目中的地位，努力想去扮演一个完美者的形象。事实上，不必过分在乎别人对你的看法，这种多心只会使你寸步难行。只要你记住，做好你自己就足够了！

如果一个人太在乎别人的看法，他就很难在众人面前展现真实的自己，时间长了，就会养成犹豫不决的性格；如果一个企业家太在乎工人的看法，他就难以成为强有力的管理者，在发奖金的时候，他会首先考虑到副经理会怎么想，科长会怎么议论自己，然后那些老工人会不会认为我不照顾他们，还有门卫会不会认为我不体贴他，这样，不调整十几遍，奖金是发不下去的；如果是一个歌唱家，上台之前太注重外表形象，一身衣服会换上十来次。最后还是带着疑惑上场，上场后发现掌声并没有那么热烈，心里就会万分失落……这样的歌手肯定唱不好，也不会受到大家的欢迎。

黄美廉是一位自小就患脑性麻痹的病人，脑性麻痹夺去了她肢体的平衡感，也夺走了她发声讲话的能力。从小她就活在诸多因肢体不便带来的苦恼中及众多异样的眼光中，她的成长充满了血泪。

然而，她没有让这些外在的痛苦击败内在的奋斗精神，她经过自己的一步步艰苦努力，最终获得了加州大学的艺术博士学位。她以手当笔，以色彩告诉人“寰宇之力与美”，灿烂地活出生命的色彩。

在一次演讲会上，一个学生小声地问：“你从小就长成这个样子，请问你怎么看自己？你都没有怨恨吗？”

“我怎么看自己？”黄美廉用粉笔在黑板上重重写下这几个字。写完之后，她停下笔来，歪着头，看看发问的同学，然后嫣然一笑，回过头去，在黑板上龙飞凤舞地写了起来：

（1）我好可爱！

（2）我的腿很长很美！

（3）爸爸妈妈很爱我！

（4）上帝很爱我！

（5）我会画画！我会写稿！

（6）我有只可爱的猫！

（7）还有……

教室内鸦雀无声，她回过头来坚定地看着大家，最后郑重地在黑板上写下了她的结论：我很优秀，我欣赏我自己。

黄美廉倾斜着身子站在讲台上，满足的笑容从她的嘴角荡漾开来，有一种永远也不会被击败的傲然写在她的脸上。同学们的眼睛湿润了，黄美廉的这句话和她那不屈的形象鲜活地印刻在他们的心上。

是的，一个人如果太在乎个人形象，再快乐的事情在他眼中也会变得不快乐了。所以，不要为了别人的看法而改变自己的说话方式，不要为了别人的看法而盲目地让自己服从。走自己的路，在别人面前展现真实的自己吧！

◆ 与陌生人交谈的技巧

很多人在和陌生人交谈时，就感觉如临大敌一般，羞怯、紧张、局促、手足无措，甚至连挤两句应酬话也生涩，平日的伶牙俐齿、妙语连珠也不知躲到哪里去了。可是，在这个缤纷的社会，不愿、不会、不能与陌生人打交道，如何生存？何况，和陌生人交谈正是克服胆怯心理、提高口才的最佳方法。

首先，和陌生人交谈可以体现和加强一个人的自信。心理学实验表明，人类很多特性的分布都有一个规律：特别好和特别差的人各只占2%左右，中间水平的约占95%，也就是说绝大多数的人水平都是差不多的，都是正常水平。和正常的陌生人进行一次交谈，既能让我们吸收到新信息，也能验证我们对人性的一些观念，还能感受到人与人之间的热情、信任，这些良性的结果必定增强一个人生活的信心。

其次，和陌生人交谈，还能体现个人独立性，有助于人格发展。大家都明白，和熟人打交道，说话的方式依附于社会关系，服从说话人的身份，很多时候并非是个人独立意志的表达。和陌生人说话则不一样，互相之间常常作为独立的个体交往，彼此没有切身的利益关系，双方见到的都只是眼前的这个人，不会特殊关照也不会有什么成见，相对客观、平等，这种完全对等的关系，对一个人的人格成长是很有帮助的。

最后，和陌生人交谈，更能锻炼口才和人际沟通艺术。熟人之间，彼此都很了解，不会很注意说话的方式和方法。而陌生人之间的交往从零开始，需要有意识地运用沟通技巧来建立关系，多次下来，人际沟通能力和口才能力就会得到提高。

如果我们因为害怕和陌生人交谈而躲着、藏着，那只会永远没有什么出息，惧怕、不敢当众说话的“病症”也只会越来越重。所以，我们应该“逼”着自己多与陌生人交谈，训练自己与陌生人说话的技巧，培养自己胆大、能言善辩等能力，以更好地在社会中立足。

李力的妈妈是这样训练孩子与陌生人打交道能力的——

儿子刚刚学会说话的时候，她就尽力在任何能够和他人交流的时候，让他先开口说话。

首先，每天刚出门的时候，不管碰到什么人，李力的妈妈都让李力主动打招呼。比如碰到一个女性老年人，妈妈会示意孩子：“儿子，说‘奶奶好’！”如果碰到的是男性老年人，就告诉孩子“儿子，说‘爷爷好’！”其他不同年龄的人以此类推。慢慢地，李力每当遇到这种场合就会马上微笑着和人家打招呼，每个被李力打招呼的人都热情地对他说：“小朋友好！”并且还表扬他很懂事，这样，李力就养成了跟别人有礼貌地打招呼的好习惯。

李力的妈妈为了更好地锻炼孩子与陌生人打交道的能力，还经常带着李力到朋友家做客。在朋友的家里，李力的妈妈教孩子该如何懂事礼貌地做客人，教儿子和朋友家里不同的人交流和谈话。

在妈妈有意识的培养和训练下，李力上幼儿园时，说话的技巧就很强。有一次，老师为了了解孩子与陌生人交流的能力，特地请了小区里的一个年轻叔叔来幼儿园里搞测试。轮到李力的时候，那个陌生叔叔说："小朋友你真可爱，来吃块巧克力。你妈妈今天加班，她让我替她来接你。"

李力听了，微笑地回答："谢谢叔叔，可是我不认识您，不能随便吃您的东西，我们还是去问问老师吧。"

躲在旁边听他们对话的老师频频点头。之后，幼儿园的老师表扬了李力，还夸李力的妈妈教育得好。

李力上小学以后，立刻成为班级中最会与同学和老师交流的人，同学们有什么问题总会跟他说，让他帮忙解决。

可见，硬着头皮与陌生人交谈、打交道的能力非常重要。一个人只有学会了与陌生人打交道，才能在以后的生活中更好地与人交往，发展自己的口才。

当然，与陌生人交谈要注意技巧。这样，才会让你事半功倍。

第一，寻找能让对方产生共鸣的话题，"黏"住对方。俗话说："物以类聚，人以群分。"每个人的社交圈，其实都是以自己为圆心，以共同点（年龄、爱好、经历、知识层次等）为半径构成的无数同心圆，共同点越多，圆与圆之间重叠的面积越大，共同语言也就越多，也最容易引起对方的共鸣。共同之处包括彼此共同的专业、工作、家乡、熟人、兴趣、爱好等。因此，在与对方搭讪时，一定要留意共同点，并不断把共同点扩大，对方谈起来才会兴致勃勃，谈话才会深入持久。

第二，多谈对方关心的事情。人们最关心的是自己，这是人类最普遍的心理现象。因此，你必须谈对方所关心的，这样，对方会认为你很关心体贴他。

第三，态度要谦逊、低调。有的人各方面条件确实不错，但为什么常常在与别人搭讪时遭到冷语，自讨没趣？关键就是这些人摆出一副高高在上的姿态。谈起事情来眉飞色舞、夸夸其谈，这是令人讨厌的。一般而言，那些经历坎坷、屡遭不幸，最终通过自己的努力而获得成功的人，最能赢得别人的好感。因此，政治家或明星为了赢得支持，往往再三渲染自己童年遭受的不幸和为了取得成功所付出的巨大努力，这是一种明智的交际技巧。所以，在与陌生的人交谈时，不妨多谈昔日的坎坷、拼搏的历程，这样往往容易唤起对方的好感和钦佩。

第四，策划“偶然”事件。有时，你可能没有机会和陌生的“意中人”接触，更谈不上搭讪，在这样的情况下，你不妨给自己“制造”一个机会。

一个星期六的下午，一位穿着入时、长相英俊的小伙子手捧一束玫瑰，礼貌地敲一间公寓的门。公寓的主人是联邦德国外交部年轻女秘书凯因斯，打开门后，她面对这位不速之客竟有些不知所措。男士连连道歉：“不好意思，我敲错了门，请原谅。”然后，他接着说，“请收下这束花，作为我打扰你的补偿。”凯因斯盛情难却，收下了花，并把小伙子邀请进屋。这个“误会”其实是小伙子精心策划的。“众里寻他千百度，蓦然回首，那人却在灯火阑珊处”。

许多时候，在不经意间，你也许能遇上让你怦然心动的异性。这时，不要因为你羞于开口或者支支吾吾而就此错过一段好姻缘。只要你克服恐惧的心理，并且掌握一些交谈技巧，也许就能展开一段美好的感情。

◆ 说错不用怕，会补救就行

有这么一些人，他们不敢在众人面前说话，是因为害怕说错话、害怕出丑。他们总是暗示自己：“写错的字可以涂改，说错的话却如飞出去的箭无法回头，因此，能不说话就尽量不要说。”因噎废食的结果可想而知，这些人越来越沉默、越来越不善表达。其实，世上哪有常胜将军呢？说话亦是如此，即使在竞选中脱颖而出的美国前总统福特，也曾说过“中国主要住着中国人”之类的蠢话。

所以，不必担心自己会说错话，即便说错了也没什么，完全可以补救嘛！

下面介绍几种在言语失当时巧妙化解的招数，相信会对那些总担心说错话而宁做“哑巴”的人有所帮助。

1.及时改口

美国前总统里根访问巴西，由于旅途疲乏，年岁又大，在欢迎宴会上，他脱口说道：

“女士们，先生们！今天，我为能访问玻利维亚而感到非常高兴。”

有人低声提醒他说溜了嘴，里根忙改口道：

“很抱歉，我们不久前访问过玻利维亚。”

尽管他并未去玻利维亚。当那些不明就里的人还来不及反应时，他的口误已经淹没在后来的长篇大论之中了。这种将说错的地点时间加以掩饰的方法，在一定程度上避免了当面丢丑，不失为补救的有效手段。只是，这要求及时发现错误，否则要想化解难堪也来不及了。

2.不置可否

还有一些口才高手，在自己口误被别人当众指出时只是点头微笑，或轻轻鼓掌。如此一来，观众或听众弄不清他葫芦里藏的是什么药。有的人认为这是他是谦虚认错的良好风范，有的人会以为这是他不屑辩解的豁达胸怀，而究竟是啥，全凭个人理解。这样的应对，使当事人立于不败之地。

3.巧妙转换话题

错话一经出口，在简单的致歉之后立即转移话题，有意借着错处加以发挥，以幽默风趣、机智灵活的话语改变现场的气氛，使听者随之进入新的情境。

曾有一个新毕业的大学生去某合资公司求职，一位负责接待的先生递过来名片。大学生神情紧张，匆匆一瞥，脱口说道："滕野先生，您身为日本人，远渡重洋，来华创业，令人佩服。"那人微微一笑："我姓滕，名野七，地道的中国人。"大学生面红耳赤，无地自容，片刻后，神志清醒，诚恳地说道："对不起，您的名字使我想起了鲁迅先生的日本老师——藤野先生。他教给鲁迅许多为人治学的道理，让鲁迅受益终生。希望滕先生日后也能时常指教我。"滕先生面带惊奇，点头微笑，最终录用了他。

4.将错就错

这种方法就是在错话出口之后，能巧妙地将错就错续接下去，最后达到纠错的目的。其高妙之处在于，能够不动声色地改变说话的情境，使听者不由自主地转移思路，不自觉地顺着说者的思路走。

一个盛夏的中午，天气酷热，纪晓岚脱了上衣，赤着膀子坐在案前编《四库全书》。这时，乾隆皇帝突然驾到。纪晓岚来不及穿衣服，便慌忙钻到了桌子底下。

乾隆皇帝知道纪晓岚躲在桌子下，便故意坐着不做声。过了好半天，纪晓岚听听没动静，以为皇上已经走了，就低声问道："老头子走了吗？"

乾隆皇帝一听，怒斥纪晓岚："你为什么叫朕老头子？"

纪晓岚稍稍迟疑了一下，答道："陛下是万岁，应该称'老'；尊为君王，举国之首，万民拥戴，当然是'头'；子即指'天之骄子'。'老头子'就是对至尊的称谓。"乾隆听了很高兴，点头道："纪爱卿说得好，朕恕你无罪！"

纪晓岚的将错就错令人叫绝。错话出口，索性顺着错处接下去，反倒巧妙地改换了语境，使原本轻慢的失语化作了尊敬的称呼，颇有些点石成金之妙。

5.借题发挥

素有"东北虎"之称的张作霖虽然出身草莽，却粗中有细，常常急中生智，突施奇招，使本来糟透了的事态转败为胜。

有一次，张作霖出席名流集会。席上不乏文人墨客和附庸风雅之人，而张作霖则正襟危坐，很少说话。席间，有几位日本浪人突然声称："久闻张大帅文武双全，请即席赏幅字画。"张作霖明知这是故意刁难，但在大庭广众之下，"盛情"难却，就满口应允，吩咐笔墨侍候。这时，席上的目光全都集中在张作霖身上，几个日本浪人更是掩饰不住讥讽的笑容。只见张作霖潇洒地踱到桌案前，在满幅宣纸上，挥笔写了一个"虎"字，左右端详了一下，倒也匀称，然后得意地落款"张作霖手黑"，踌躇满志地掷笔而起。

几个日本浪人面对题字，一时丈二和尚摸不着头脑，不由得面面相觑。其他在场的人也是莫名其妙，不知何意。

还是机敏的秘书一眼发现了纰漏，"手墨"（亲手书写的文字）怎么成了"手黑"？他连忙贴近张作霖身边低语："大帅，您写的'墨'字下少了个'土'，'手墨'写成了'手黑'。"张作霖一瞧，不由得一愣，怎么把“墨”写成了“黑”啦？如果当众更正，岂不大煞风景？还要留下笑柄。这时全场一片寂静。

只见张作霖眉梢一动，计上心来，他故意大声呵斥秘书道：“我还不晓得‘墨’字下面有个‘土’？因为这是日本人索取的东西，不能带土，这叫寸土不让！”语音刚落，立即赢得满堂喝彩。

几个日本浪人这才领悟出意思，越想越觉得没趣，又不便发作，只得悻悻退场。

6.自己批驳

这个方法很简单，也很实用。比如：“最近公司的发展遇到了一些难题……”说着说着，发现自己把意思说反了。这时，可以停下来，问：“大家认为这个看法对吗？”不等别人回答，自己马上抢先给出答案：“很显然，这个看法是错误的。”然后再针对自己之前的口误进行批驳，别人还以为你开始的说辞是故意在给自己“树靶子”，哪会想到是你口误？

有位领导在记者面前说了这样的话：“到XX去旅游要小心，各种陷阱太多，旅游业不规范。”说完后感觉不妥，忙改口：“这是部分网民的观点，我认为是片面的。首先……”一句差点酿成祸的话，就这样巧妙地化解了。

◆ 口吃者也可以站上大众舞台

只要有信心，只要有胆量，只要有勇气，一个口吃者也可以站上大众的舞台。也许他的话未必很出彩，但在这个过程中，他能获得一份肯定。

2007年10月9日，“北京口吃协会”公益组织的4名成员在北海公园永安寺的一角，通过演讲的形式向游人宣讲口吃常识，并呼吁人们正确对待口吃患者。

成员小张说：“非常感谢你能聆听我的演讲，不知道你是否听得出来，其实我是一名口吃患者……”

23岁的口吃患者小超也在一处凉亭内向正在小憩的游人们进行了演讲：“我以前是一名严重的口吃患者，并自卑地以为‘天下唯我独吃’，但是通过一年多有意识地与人进行交流，现在我的口吃症状已经改善了许多……”

虽然小超演讲的时候难掩害羞地红着脸，但是他的真诚还是让周围的人将视线转向他，认真地聆听。

唯一的女成员秋颖登场时，因为过度紧张而一时说不出话，这时，周围的人群中响起了鼓励的掌声，有人给秋颖打气说：“别害怕，姑娘，大点声儿。”

在祖国的另一个城市，另一群口吃的人也在做演讲的训练：

某日上午10时许，西安雁塔西苑一个亭子旁围了不少人，亭内两个年轻人拉着“当众演讲训练营”的大红旗子，其他12名小伙一个接一个上来站在旗子前做演讲。

一个年轻人讲道：“今天来这里演讲的是一群‘吃友’，也就是‘结巴’，但大家都为了战胜自己在这里训练，讲得不好请大家见谅。我是一个结巴，因为上小学一年级时看班里其他同学口吃，觉得好玩就跟着学，谁知竟然让我坠入了口吃的深渊，竟然改不过来了，口吃让我痛苦了18年呀！今天我敢站在这里，都是锻炼的结果，两年前我和陌生人面对面还说不出话呢！所以，朋友们，千万不要学别人口吃哦！”

这个年轻人大胆的演讲引来了群众阵阵的掌声，旁边一位男士微笑着说：“‘结巴’比我演讲得还好呀！”

到下午，这群“吃友”要去环城公园做释放训练，他们在公交车上也继续演讲，给车上的人们带来欢笑。14时许，几个年轻人在环城公园内的演讲训练又开始了。他们10多个人轮番站在由他们自己围好的圆圈中间，喊着："我演讲！我勇敢！我快乐……"

一个年轻人对路人讲："虽然我们口吃，但我们也要大声演讲。"

事实上，口吃不可怕，有口吃的人也可以获得成功，也不妨碍他们做影视演员、配音演员、演说家、歌手等。比如偶像派影视明星周迅、王学兵，话剧演员蓝天野，著名配音演员童自荣，"中国摇滚音乐之父"崔健等都有过口吃。

古代希腊演说家德摩斯梯尼从小口吃，但立志要当一个优秀的演讲者。为矫正口吃，使口齿清晰，他将小石头含在嘴里不断地练。据说他曾把自己关在屋里练习，为避免别人打搅，竟把头发剃去一半，成了"阴阳头"，逼自己专心地练口才。经过12年刻苦磨炼，终于走上成功之路。

说起冯友兰，清华的老学生们第一个想起的竟是冯老口吃的毛病。"慧心者多口吃"，看来此话说得似有几分道理。在清华，冯老的口吃与他的哲学成就一样闻名。传说，冯老念"墨索里尼"，亦必"摸索摸索摸索"许久，一句"学而时习之"的"而"字，要"而"一分多钟，在学生中传为笑谈。

然而在杨振宁看来，"冯先生把他的口吃转化成一个有用的演讲办法"。他说，口吃的人通常演讲不容易成功，于是每当口吃的时候，冯老都停顿一下，这样一停顿反倒给听众一个思考他接下来讲什么的机会。并且在这个情形之下，他后面讲的话，往往简要而精辟，这也是很多学生喜爱听冯友兰讲座的原因。

可见，口吃的人只要对自己多一些信心、多一些肯定，也可以成为一个口才高手。

第三章　话不在多，到位就灵

有人说话时喜欢引经据典或长篇大论，经常让听者晕头转向，不知所云。事实上，这种说话方法远不及简短的几句关键语！

任何事物，不管是多复杂的现象、多深奥的思想，说到底也就是经过概括和抽象后的认知。而这些认知就是事物的精华与核心，只要你能抓住并领悟，就能触类旁通。所以，如果你能用极为简明的语言，条理分明地将自己的观点加以表述，或将对方思想、观点上的实质部分一一揭露，便能收到“片言以居要，一目能传神”的效果。

在一次亚洲大专辩论赛中，中国香港中文大学队与新加坡国立大学队，针对“个人利己主义是社会进步的最重要因素”的辩题进行辩论。新加坡国立大学队为正方，中国香港中文大学队为反方，双方争辩激烈，相持不下。这时，中国香港中文大学一个队员指出：“国父孙中山先生领导辛亥革命，推翻了中国两千多年的封建统治，难道是因为个人功利主义吗？爱迪生发明电灯，造福全人类，难道也是因为个人功利主义吗？”此话虽然简短，但是一针见血、切中要害，具有几乎不可辩驳的威力。

俗话说：“秤砣虽小压千斤。”画龙点睛的语句，能在关键时刻发挥重要的作用。它包含说话者高度浓缩的思想、感情、智能和力量，具有以少胜多、点石成金的特殊作用。

◆ 有威力的话，一句就够

两千多年前，恺撒大帝在一举击溃了帕尔纳凯斯的军队后，给朋友的捷报只用了三个拉丁词："Veni，Vidi，Vici!"翻译成中文就是："我来了，我看见了，我征服了！"用词简洁得不能再简洁，却传递了胜利的信息，以及他志得意满的心情与豪气干云的状态。

提高好口才的终极目标，是为了高效推销自己的思想。如果能很快、很准确地把话说在关键时，把力用在点子上，你就是一个赢家。

如果要评一个史上福布斯百富榜，和珅大概是一个争夺首富的热门人选（皇帝不参与角逐）。在嘉庆四年查抄这个首富时，估算其总资产当有8亿两白银以上。乾隆末年国家财政每年的实际收入大概是7000多万两白银，和珅的财产相当于清朝盛世10多年的财政收入。这个数目大得真是让人瞠目结舌。

和珅的发迹，和一句话有莫大的关系。他屡次应举不中，就通过关系成了协同管理皇帝銮舆、仪仗的侍卫。依照现在的话说，也就一个元首的司机班成员。有一次，乾隆皇帝出宫。起行之际，仓促间找不到御用的黄龙伞盖。乾隆很生气，借用《论语》上的一句话发问："是谁之过欤？"在场者面面相觑，不知如何回答。此时和珅却立刻站出来答道："典守者不得辞其责。"

乾隆帝很吃惊，因为《四书》上对上句话的注解是："岂非典守者之过邪？"这里，和珅变通得自然贴切。乾隆皇帝是一个很爱才的人，当场就把和珅叫过去询问。和珅回答得很得体，很让乾隆皇帝满意。

就这样，和珅通过这一句话获得了乾隆皇帝的青睐，让他总管仪仗队。不久，又升为御前侍卫兼副都统。就这样，和珅成了乾隆最贴身的人。再后来，他通过努力，变贴身为贴心。

可以说，和珅适时的一句话，拉开了他平步青云的序幕。当然，和珅的贪腐应该被抨击，但其过人的口才却值得我们学习。口才无罪，有罪的是他的贪婪。

有人用三个字传递捷报，有人凭一句话平步青云，还有人用一句话来做演讲。在我们的印象中，演讲应该是长篇大论、旁征博引、纵横捭阖才能将事情说清，把观点讲透。但合适的一句话演讲，也能起到有过之而无不及的效果。

1936年10月，邹韬奋先生在上海各界公祭鲁迅先生的大会上发表演讲，就只有一句话："今天天色不早，我愿用一句话来纪念先生：许多人是不战而屈，鲁迅先生是战而不屈。"

按照常理，万人景仰的鲁迅先生英年早逝，悲痛与缅怀的感情就是千句万句也说不完。但邹韬奋先生只用了一句话，而在这一句话里蕴含着胜过千句万句的内容——既有对当时政治战线、思想战线、文化战线上"不战而屈"的投降派的谴责，又有对鲁迅先生"横眉冷对千夫指"，勇敢战斗，决不屈服的可贵品格的赞颂。"不战而屈"和"战而不屈"，同样四个字的不同组合，成为衡量一个人有没有硬骨头精神的试金石。这极其精练的一句话演讲，巧妙地采用了鲜明的对比，使卑微者更渺小，使高尚者更伟大，尽管只是一句话，却激发了人们奋起抗争的勇气，鼓舞人们以鲁迅先生为榜样，挺身而出，战斗不止。

在民国时期，因为国民政府对新闻的严格管制，经常会抽掉即将下印刷厂的报纸内容。为了反对这种对自由言论的严重践踏，报纸一度用"开天窗"（即将抽去的文字留白）来表示无声的反对。但后来国民政府连报人"开天窗"的自由也给剥夺了。有家报纸在一次被抽走一篇文章后，在空白的版面刊了6个大字："今天无话可说！"这六个字既免了"开天窗"之嫌疑，又有力地传达了报人对于言论自由的向往以及对当局的绝望与愤懑。

◆ 话要说到"点"上

人们常问，如何才能更好地表达出自己真实的思想和感情呢？

如果我们留心那些口才大师，就会发现他们都喜欢而且善于运用简洁明了的语言。语言的精髓，在精而不在多。口才最差的人，往往可能就是那些喋喋不休的人，说了一大堆，也没有说出主旨，还认为自己很棒。事实上，要真正地将自己的话说得让人明白，就必须让自己的语言简练，要能在最短的时间内让对方明白你所说的意思。

美国前总统罗纳德·里根，是美国历史上最长寿的总统。在里根的政治生涯中，留下了很多脍炙人口的精悍之语。1964年，里根代表戈德华特参加总统竞选发表的全国电视讲话，他说："我们必须捍卫自由，否则自由将离我们而去。"这句话成为当年风靡美国的名言，让里根在政界声名鹊起。1980年，里根在新罕布什尔州参加总统初选辩论时，有人试图关上他的麦克风，里根当即抗议："布林先生，我正为这个麦克风付钱。"这句话的意思是"我"是候选人，同时也是纳税人，"我"有权利使用麦克风。果然，里根的麦克风没有被关闭。而1981年3月底，里根遭到枪击后，在急救病房里对妻子南希所说的"亲爱的，我忘了蹲下"，更是让人闻之动容。

林肯曾说："在一场官司的辩论过程中，如果第七点议题是关键所在，我宁愿让对方在前六点占上风，而我在最后的第七点获胜。这一点正是我经常打赢官司的主要原因。"这里让我们一起看一下林肯是怎样用他的办法打赢一场著名官司的。

在那个官司审判的最后一天，对方律师整整花了两个小时来总结此案。林肯本来可以针对他所提出的论点加以驳斥，但他并未那样做，而是将论点集中到了关键点上，总共花了不到一分钟的时间。最后，林肯赢得了这场官司。

无论我们平时和什么样的人说话，都要让对方在最短时间内明白自己的意思，要让对方被自己说服，就必须找出问题的关键点。这也叫作“抓住一点，不及其余”“言不在多，达意则灵”。讲话简练有力，便能使人兴味不减。有理不在话多。对于那些有高超口才的人，除非万不得已，否则尽量不会与别人周旋绕圈，而是抓住关键，简明干脆地将自己的意思传递出去。

法拉第为了证实磁能产生电，在大厅里对着许多宾客表演，只见他转动摇柄，铜盘在磁极间不断地旋转，电流表指针渐渐偏离零位。客人们赞不绝口，只有一位贵妇人不以为意。

贵妇人问：“先生，这玩意儿有什么用？”

法拉第回应：“夫人，新生的婴儿又有什么用呢？”

人群中爆发出一阵喝彩声。

针对贵妇人取笑式的问话，法拉第来了一个反问。

清代画家郑板桥有诗云：“冗繁消尽留清瘦，画到生时是熟时。”当今语言大师们认为：言不在多，达意就行。可见，用最少的字句包含尽量多的内容，是讲话时最基本的要求。滔滔不绝、出口成章是一种水平，而善于概括、词约旨丰、一语中的同样是一种水平，而且更为难得。

父子二人经过五星级饭店门口，看到一辆十分豪华的进口轿车。

儿子不屑地对他的父亲说：“坐这种车的人，肚子里一定没有学问！”

父亲则轻描淡写地回答：“说这种话的人，口袋里一定没有钱！”

对于儿子的肤浅与偏激，父亲没有简单粗暴地训斥，也没有长篇大论地教育。一句脱口而出、简洁平实的回答，足以让儿子回味无穷。

周勃是西汉的开国功臣。在吕后乱政时，他曾经帮助汉室铲除吕后的势力，迎立汉文帝，可谓功勋卓著。可后来被罢相回到自己的封地后，一些素来忌恨他的奸伪小人便趁机向汉文帝诬告周勃图谋造反。汉文帝竟然也相信起来，急忙下令廷尉将周勃逮捕下狱，追查治罪。按汉代当时的法律，凡是图谋造反者，不但本人要处死，而且要诛九族。就在周勃大祸临头的时候，薄太后出来劝文帝说：“皇上，周勃要谋反，何必等现在，在您未登基之时，先皇留给您的玉玺就在他手上，那时他还手握重兵，要反早就反了。但是他一心忠于汉室，帮助汉室消灭了企图篡权的吕氏势力，把玉玺交给陛下。现在他已被罢相，回到了自己的封地里居住，怎么反而会在这个时候想起谋反呢？”

汉文帝一听这话，对呀！有道理呀！于是所有的疑虑都没了，并立即下令赦免了周勃。

薄太后的话可谓拨云见日、一语中的。试想，假设她东拉西扯地找论据来为“苦主”周勃辩白，固然可以找来很多，但多不如精。太多的论据说来说去却没有让人信服的一条，别人听了会厌烦。就算其中有那么一条两条有说服力，也容易淹没在论据的海洋之中，还不如只挑最有说服力的说，反而更加令人信服。

嘴巴长在你的身上，喋喋不休、废话一筐最不可取，滔滔不绝、言之有物才能令人钦佩。而有的人，在适当的场合，把自己的意思恰当地浓缩成一句话，拨云见日、一语中的，让人如梦初醒、拍手叫好。

◆ 最有力量的话往往很简洁

第二次世界大战时期的英国首相丘吉尔不仅仅是一位杰出的政治家，而且是一位才华横溢的演讲家，正是他无数次慷慨激昂的演讲，给了当时怀疑、忧郁的英国民众巨大的精神力量，使当时整个英国树立起坚持不懈、战斗到底的民族气概。

他最后一次演讲是在剑桥大学的毕业典礼上。开始的时候，校长想请首相率先致辞。丘吉尔说："不，我到典礼结束前20分钟再讲。"在典礼进行到最后20分钟的时候，校长把一直坐在一旁的首相介绍给大家，请首相致辞。丘吉尔站在主席台上，从容地脱下大衣，摘下帽子，默默地注视着台下的几千名青年学生。一分钟后，他挥舞着拳头，开始了他习惯式的演讲。他的演讲非常简洁：坚持到底，永不放弃！

当所有的学子还在等丘吉尔的下文时，丘吉尔穿上大衣，戴上帽子，从容地离开了会场。整个会场鸦雀无声，几分钟的寂静之后，掌声雷动。大家纷纷站立起来，热泪盈眶地目送着远去的首相。

这场演讲被称为演讲史上的经典之作。在民族危亡的关头，在整个民族需要坚强的时候，他用这种简洁有力的方式告诉人民：胜利没有什么困难；战胜敌人也没有困难，只要坚持到底，永不放弃。

这场演讲之后的第二天，英国所有报纸的头版标题都是这样一句话：坚持到底，永不放弃！这句话，成为当时英国的民族精神，也迅速成为世界反法西斯战线的精神旗帜！

少即是多，短即是美。简洁为上策！一个典型的例子是：林肯的葛底斯堡讲话仅用了两分钟，却成为林肯一生不朽的纪念；而当时排在林肯前面的主讲者讲了两个多小时，却鲜有人记得他的名字，以及他演讲的内容。

语言简洁，是指语言表达要简明扼要，言简意赅。古人云“立片言以居要”，讲的就是这个道理。语言简洁是人们谈话应遵循的一个总规则，因为它是吸引、打动听众的必要条件。仔细想想，圣经的主祷文一共才56个字。如果多加几个字，它会更加有力吗？

◆ 用最少的字句表达最大的意思

一句睿智的话，往往能给听者一种醍醐灌顶、豁然开朗的感觉。

相传一个山村青年去南洋谋生，怀着对前途的忐忑找到了族长。族长送了他三个字：“不要怕。”青年遵命远行，经过在外20多年的打拼后，已是中年的他决定回乡探亲。他有了一些成就，也添了很多心事。归程日短，近乡情怯。他决定再去拜访那位族长，以求得一些指导。族长已经作古，但留给这个勇敢的闯荡者三个字：“不要悔。”返乡人看了这三个字，心理包袱顿时全无。人生的路崎岖蜿蜒，启程之时“不要怕”，归航之日“不要悔”——这短短6个字组成的一句话，实在是凝聚了人生的大智慧。

睿智的话，不在于多，而在于精。老子的《道德经》不过区区5000字，其中所包含的智慧至今为人津津乐道。随便从《道德经》中拈一句出来，都是大有乾坤。

看中央电视台《赢在中国》，总是为马云的三寸不烂之舌而折服。他的即兴点评总是很简短，却总是让人想起“浓缩的都是精华”这句话。他谈锋稳健，语速很快，思路缜密且善用比喻，逻辑思维和形象思维在他脑中统一得很好。

对于创业，马云这样建议：“如果你的公司目前只有两个人，你就在名片上把自己的称呼放低一点儿，这样会赢得尊重！”马云安慰那些曾经受伤的创业者：“人要被狠狠PK过，才会出息！”他说自己也倒霉过：“创业这么多年，我遇到了太多的倒霉事，但只要有一点儿好事，我就会让自己非常开心，左手温暖右手。”谈到委屈，他会很男人地说：“男人的胸怀是委屈撑大的！”

马云的话短小精悍、字字珠玑，值得我们反复玩味。不像有些人的长篇大论，如同一阵风吹过我们耳边，很快就被抛之脑后。另一位同样姓“马”的名人，叫马克·吐温。这位美国著名作家，也是一位口才高手。曾经有人问他：演讲词是长篇大论好，还是短小精悍好？他没有直接回答，而是讲了一个故事：

“有个礼拜天，我到教堂去，适逢一位传教士在那里用令人哀怜的语言讲述非洲传教士苦难的生活。当他说了5分钟后，我马上决定对这件有意义的事情捐助50美元；当他接着讲了10分钟后，我就决定把捐助的数目减至25美元；当他继续滔滔不绝地讲了半小时后，我又决定减至5美元；最后，当他讲了一个小时，拿起钵子向听众哀求捐助并从我面前走过的时候，我却反而从他钵子里偷走了2美元钱。”

马克·吐温用幽默的方式告诉世人：即便是演说，也是短小精悍为上品，长篇大论、泛泛而谈容易引起听众的反感，要用最少的字句来表达最大的意思。

1984年，新当选的法国总理洛朗·法比尤斯发表就职演说。第二天的报纸这样描述新总理的演说：“还没等人们醒悟过来，新总理已转身回办公室了。”报纸并没有夸张，事实上，总理的演说词就两句：“新政府的任务是使国家现代化，团结法国人民。为此要求大家保持平静的心态，拿出最大的决心。谢谢大家。”言简意赅，非常到位。

英国人波普说："话犹如树叶，在树叶太茂盛的地方，很难见到智慧的果实。"这句简洁的话，本身就是智慧的果实。

◆ 学会恰如其分地闭嘴

夜路走多了，自然容易碰上鬼；说话说多了，自然容易嚼到自己的舌头。曾国藩曾说过："人生坏事的两个因素，一是自傲，二是多言。多言生厌，多言招祸，多言致败，多言无益。"

《笑林广记》中有一则笑话，可能大家都听说过。说有人在家设宴款待帮助过他的人，一共请了4位客人。将近晌午，还有一人未到，于是主人自言自语道："该来的怎么还不来？"一听到这话，一位客人心想："主人这么说，那么我是不该来了？"于是起身告辞。主人很后悔自己说错了话，便道："不该走的又走了。"另一位客人心想："难道是说我是该走的了？"也起身告辞。主人因自己说话不周把客人气走了，十分懊悔。妻子也埋怨他不会说话，于是他辩解道："我说的不是他们啊。"最后一位客人一听这话，心想"不是他们！那只能是我了！"于是叹了口气，也走了。

这则笑话当然有些夸张。将生活中常见的事情进行夸张，是形成笑话的一个重要手法。但笑话归根到底也是如艺术一般，尽管高于生活，但来源于生活。

《鬼谷子·本经符》中有云："言多必有数短之处。"这就是成语"言多必失"的出处。为什么言多必失，我们可以从两个角度来分析这个问题。首先，任何一个人都客观存在一定的语言失误率，从概率的角度来说，"言"的基数越大，失误的绝对数目就会越大；其次，言语过多，难免把时间与精力侧重在"说"上了，给思考留的时间与精力过少，必然会增加语言的失误率。

我们从小就知道，做人要“知无不言，言无不尽”，意思是知道的就要说，要说就毫无保留地说。但长大后却发现，这句箴言是有问题的。首先，什么是“知”，是“真知”还是你所“知”？其次，如果什么都“知无不言，言无不尽”的话，人岂不成了一台不知停歇的肉喇叭？再者，无所顾忌的“言”，难免变成伤人的刀。

邻居老张和妻子干架，令老张脸上挂彩。有好事者问你老张伤从何来。你“知无不言”地说明来由，有必要吗？然后还“言无不尽”地传播他们之所以干架的原委，不是多事吗？一句“不太清楚啊”的回答，不是很好？要是好事者继续诱导你：“听说是老张妻子发飙……”你装糊涂，一句“是吗？我不清楚”给打发了，不是很好吗？

聪明的人，在非原则问题上懒得做计较，在细小问题上懒得去纠缠，对不便回答的问题佯装不懂，对有损自身的问题假作不知，以理智的闭嘴化险为夷，以聪明的闭嘴平息可能发生的种种矛盾。一个人唯有静下心来，才能集中精力，才能心地空澄，才能明察秋毫，才能多听、多看、多想，才能不鸣则已，一鸣惊人。而且，因为你恰如其分地闭嘴，无疑给别人留下了足够广阔的表演空间，而你则是一个好听众、好观众，这样无疑是会赢得别人的好感与尊重的。

◆ 训练说话简洁的三个原则

记得有位作家在领一个文学奖时，应邀发表了这样的即兴演讲：“瓜田里有很多瓜，我是一个瓜，并不比别的瓜大、好，只是长在路边上，被人发现了。”

作家将自己比作普通的瓜，被人发现只不过是运气好而已，谦逊、雅致而又幽默。感言简洁，但绝不简单，其含义深刻，让人听后难忘。

一个人要在社交中做到说话简洁却不简单，真正让自己的口才“秀”起来，需要从以下三个方面加强自己。

首先，学会概括。我们在交流思想、介绍情况、陈述观点、发表见解时，为了让对方能够很快了解自己的说话意图，领会要领，往往要使用高度概括、十分凝练的语言，提纲挈领地把问题的本质特征描述出来，以达到一语中的、以少胜多的效果。很多伟人都有这种能力，他们善于把握形势，抓住问题的症结，且能用精准的语言加以概括描述，其作用和影响非同一般。恩格斯曾说：“言简意赅的句子，一经了解，就能牢牢记住，变成口号。”难怪毛泽东同志的“星星之火，可以燎原”“人不犯我，我不犯人，人若犯我，我必犯人”等名言警句至今仍闪耀着真理的光辉。

其次，学会应急。由于受客观环境的限制，有时容不得你长篇大论，侃侃而谈。例如在战场上、在抢险工地、在各种危急关头，甚至是一对情侣在汽笛拉响的站台前话别，根本来不及去高谈阔论。此时，唯有简明扼要的话语，才能显示其特有的锋芒。反之，在紧急关头做长篇大论，则事与愿违。

比如，1812年英美战争全面爆发前夕，美国政府召开紧急会议讨论对英宣战问题。会上，一名议员的发言从下午开始一直持续到午夜，发言者竟然不理会会场上许多议员四起的鼾声。结果另一位议员又急又怒，用痰盂向发言者头上掷去，才结束那人的发言。待通过决议时，英国人已经打到了美国人的家门口了。

很显然，这种“马拉松”式的发言，超出了听众的心理承受能力，不但无法让人接受，而且因贻误战机所造成的损失更是难以计算。如果说写文章可以“有话则长，无话则短”，那么，在快节奏的今天，说话应该提倡“有话则短，无话则免”的原则。

最后，学会通俗。简洁的语言一般都通俗明快，若要追求辞藻的华丽、句式的工整，则必然显得拖沓冗长。

要使自己的语言简洁凝练，不是一件很容易的事，从“两句三年得，一吟双泪流”“吟安一个字，捻断数茎须”等名句中，我们似乎揣测到古人追求语言简洁精当的良苦用心。如何使自己的语言达到“少而准”“简而丰”？重要的是要培养自己分析问题的能力，要学会透过事物的表面现象，把握住事物的本质特征，同时要善于综合概括。在此基础上形成的语言，才能做到准确而精辟，有力度和有魅力。

◆ 简洁短语的妙用

在交往中，有一些人们极其常用又能对人际交往起重要作用的短语，若能在适当场合适当地使用，会给我们带来意想不到的良好效果。这些短语简洁明了，通俗易懂，充分体现了语言文明的基本形式。在人们交往过程中，如能经常使用这些用语，就可以避免许多不必要的误会和摩擦，是人际关系和谐的润滑剂。

下面把当代社会里用得最多，也是最有效果的黄金短语列举如下。

“早上好”

“早上好”是一句问候语，是亲善感、友好感的表示，更是一种信任和尊重。“早上好”一旦说出了口，双方都有了亲切、友好的意愿，彼此间的距离缩短了，既增进了信任，还沟通了关系。

见面送上一句“早上好！”可以让彼此在愉悦中开始新的一天。因此，无论你昨天多么累，在今天早上起来后，在这新的一天里，都要精神抖擞地向你周围的人道一声：“早上好！”特别是对你的老板和同事。

当然，除了早上叫“早上好”外，“晚上好”“你好”“再见”也能起到与“早上好”一样的良好效果。

“请”

尊重他人的人，必然受到他人的尊重。在西方国家，几乎在任何需要麻烦他人的时候，“请”都是必须挂在嘴边的礼貌语。如“请问”“请原谅”“请留步”“请用餐”“请指教”“请稍候”“请关照”等。频繁使用“请”字，会使话语变得委婉而礼貌，是比较自然地把自己的位置降低，将对方的位置抬高的最好的办法。

“谢谢”

生活中，我们要常说“谢谢”两个字。道一声“谢谢”，看似平常，却能引起人际关系的良性互动，成为交际成功的促进剂。人际关系交往里有一个“黄金法则”，内容是：“你如何对待别人，别人也会以同样的方式给予回报。”

向别人表示你的感谢是一个积极而有意义的举动。因为这是一种感恩的心态和行为。感恩即是一种良好的心态和奉献精神。若你能对别人的帮助表示一下谢意，彼此的关系就会因此而发生变化，彼此间的距离也缩短了，感谢也开始产生呼应和共鸣。

千万不要忘了你身边的人，你的家人，你的朋友，你的老板，你的同事，他们是了解你和支持你的，说出你对他们的谢意，并用良好的心态回报他们吧，这样，他们就会给予你更多的信任、支持和帮助。

对他人的道谢要答谢，答谢可以“没什么，别客气”“我很乐意帮忙”“应该的”来回答。

“对不起”

说声“对不起”，生活将变得更轻松。有一句话说得好：“智者千虑，必有一失。”一个人再聪明能干，也会有犯错误的时候。人在做了错事之后，往往有两种截然不同的态度：一种是拒不认错，找借口为自己辩解开脱；另一种是坦诚承认错误，向大家说声“对不起”，并勇于改正，找出解决的途径。

有了过失与错误，就应该及时道歉，说声“对不起”。“对不起”是消除后遗症的“定心丸”，说得越及时越好，说得越诚肯越好。道歉既是尊重别人，也是尊重自己，不但能弥补过失，还能增进情谊，化解危机。

学会说“对不起”，看似简单，但它的效用，非别的字眼可以比拟。“对不起”能使强者低头，使怒者消气，使说者更加成熟。

“我不知道”

“知之为知之，不知为不知”。在社交中，对自己不知道的事情要坦率地说不知道。这样反而更容易赢得别人的尊重。在现实生活中，许多人不愿意说出“我不知道”这四个字，认为这样做会让别人轻视自己，令自己没有面子，其实，效果正好相反。

平时动不动就说“我知道”的人，一般都是不善于与他人交往和不受人喜欢的人；而敢于说“我不知道”的人，则是一种具有智慧的人，因为但凡有智慧者，都有勇气承认“没有人会知道一切事情”这个事实。

“我不知道”是一种动力，让我们不断学习，不断进步，赢得尊重，赢得成就。

“我喜欢你”

人是自己的一面镜子，你越喜欢自己，你也就越喜欢别人。当你越喜欢别人时，你也就越容易与对方建立起良好的友谊。通常，要想让别人听从你的建议，要让别人乐意帮助你，首先就是喜欢你这个人。要别人喜欢你，首先你要喜欢对方。

“我喜欢你”是著名的推销员乔·吉拉德用得最好的一句简洁的话。每个月他都至少向13000个老主顾寄去一张问候卡片，而且每个月的问候卡片的内容都在变化，唯一在卡片正面打印着的信息没有变过，那就是“我喜欢你”。

每个人都希望别人喜欢自己、接受自己，只要是善意的，我们何不对对方说出“我喜欢你”呢？

第四章　说话太直易得罪人

有些人的脑袋总是“少根筋”，他们经常搞不清场合、对象，便直来直去地说。比如，在寿宴上对寿星大谈人寿保险的好处；对孕妇说养孩子没什么好处，孩子翅膀硬了就飞了；对新郎新娘说今天喜宴的菜好吃极了，下回别忘了再请我；甚至当别人就要出门旅行时，却大谈今年发生过多少起飞机失事的意外事件，等等。

也许，这些人有时只是谈兴正浓，没有注意到交谈对象的情况。不过，即使他们并不是故意说出这些话，却也在不知不觉中伤了别人。当然，也有可能他们真的是“少了根筋”，木头脑袋，转不过弯！

话总是说给别人听的，至于说得好不好，不仅要看话语能否适当地表达自己的思想感情，也要看别人能不能理解并乐于接受。如果你说的话别人不爱听，或者根本就是伤人的话，那么这样的谈话还有什么意义呢？所以，当你和对方交谈时，尽量使用对方认同的语言，谈论对方熟悉和关心的话题，并且视具体情况灵活应变，以便在迎合对方心理的同时，也赢得对方的好感。

◆ 别说伤和气的“硬话”

“争强好胜”“不甘人下”是人的本性，要正确发挥它的积极作用，注意把它用在恰当的地方，倘若为鸡尾蒜皮的小事与别人争个你死我活，不想在言语上输给别人，这就违背了争强好胜的真实意义。

一位老师在给学生批改作文时发现，某学生竟然在作文中公然责骂自己，愤怒的情绪顿时充满了老师的胸间，他想找到这位同学，并严厉地批评他一顿。但他转念一想，如果把该学生叫到办公室，声色俱厉地指责一番，未必会起到什么效果，反而会引起学生的反感，还可能激发一场争吵。于是，他找到这名同学后，说："同学，老师知道有时候自己做得不够好，忽略了同学们的感受，不过老师可以肯定地说，这都是为了你们好。以后，老师再有什么地方做得不好，你来告诉老师可以吗？"该学生严肃、戒备的表情顿时缓和了，对老师说："老师的做法虽然是为了学生好，但也要讲究方法，我为我的行为向您道歉。"就这样，交谈气氛一下子放松了许多，一场可能爆发的争吵，就这样被"软话"化解得一干二净了。

与人交谈过程中，无论是在言语上，还是行为上都不要表现出比别人强，否则很容易激发别人的好胜心。一旦这种情况发生了，对方势必会筑起一堵心理防御墙，对你严加防范，这对进一步交流没有任何好处。与人交谈时，如果想让对方敞开心扉与你深入交谈，最好的办法就是让对方产生一种优越感。这一点非常重要。

华盛顿特区有一位名演员，他是出名的花花公子，为他倾心的女性数不胜数，其中一位是这样形容他的："他在女孩子面前总表现出一副弱小无助的模样，说话时很容易触动我的'母性'本能，他经常说：'我真笨，连鞋带都系不好。'每当他这样贬低自己时，我就会凡心大动，不由自主地去接近他。他就是靠这种方法赢得女性的欢心的。"

好胜心人皆有之，若要广结人缘、扩大人际关系，就应该心悦诚服地成全别人的好胜心。否则辛苦建立起来的友谊，就很容易被人们争强好胜的心态所破坏。

生活中存在这样一种现象：很多人喜欢“人前显贵”。凡事都要与人争个头破血流，分个高低胜负，目的是让别人知道自己的智慧有多高，显示自己是个多么有想法、多么厉害的人。

这种人只要与人搭上话，马上就针锋相对，不管别人说什么，他们总要予以反驳。当你说“是”时，他们一定要说“否”；当你说“否”的时候，他们又会说“是”了。总之，事事都要出风头，时时都想显示自己。实际上，这样的人，并不一定才华横溢，很可能是胸无点墨、脑袋空空、没有主见的人。

这种与人抬杠争风的做法，并不是智者所为。凡事都想抢占上风的人，在与人抬杠时，也摆出一副不把别人逼进死胡同誓不罢休的架势，其下场不用说大家也清楚。

这样的人不知道有没有想过，虽然在口头上赢了对方，但又得到些什么呢？只不过是赢得了一些虚荣心罢了，而付出的代价，却是友谊的破裂与个人形象的毁灭，实在不值得。

与人交谈时，那些喜欢自我表现的人，在别人眼里，只是一个跳梁小丑，难成什么大器，没有人愿意与这样的人打交道。

生活中有些人常常会无理争三分，得理不饶人。相反，有些人虽真理在握，却不声不响，得理也让人，显出君子风度。前者往往是生活中的不安定因素，而后者天生就具备一种吸引力，让人们心甘情愿地围绕在他的周围。

事实上，人们争论的往往是一些鸡毛蒜皮的小事，因为这些小事，而与人逞强争辩实在没有意义。为了给自己创造一个好的生活及工作环境，聪明的人都善于退让，关键时刻充当个“愚者”，不在他人面前显露自己，变主动为被动。这样一来，不但尊重了别人，还赢得了对方的好感，真可谓一举两得，何乐而不为？

◆ 运用委婉的说话艺术

据说外国人来到中国，尽管汉语的听写读已经很利索了，但还是会经常陷入交流的障碍之中。他们普遍的难处是：中国人说话太委婉含蓄了。明明一张口就能说清楚的事情和道理，却喜欢旁敲侧击、左右迂回。就像舞台上唱京剧的演员，本来三两步就可以直达目的地，却偏要甩着长长的水袖，踩着细碎的莲花步，“锵锵锵锵”地绕个大圈子。

和京剧一样，中国人委婉含蓄的说话方式，也被称为艺术。外国人不理解、不适应就让他们慢慢适应，反正中国人不但适应而且乐于这样，并且在某些情况之下必须这样。比如，在农村若是谁家大龄女子还未婚配，人们可不能说“她还没有找好对象”或“她还没有嫁出去”，常见的得体说辞是：“她还没有动姻缘。”按照农村的说法，姻缘是天定的，因此，大龄女子未婚配和她自身的素质或其他客观原因无关，只是因为婚姻的缘分没有到而已。同样有趣的，要是谁媳妇还没有生过娃，普遍的说法是：“她没解过怀。”女子解怀露胸哺乳婴儿，用没解过怀来代指未育，真是婉转得很。

除了那些约定俗成的婉语之外，在我们生活中，还不停地被创造着新的婉语与方法。在委婉含蓄、曲折迂回的声音中，人们快活地做着一种开发智力、融洽氛围的猜谜游戏。

有个老人带着儿子在镇上卖夜壶。老人在南街卖，儿子在北街卖。不多久，儿子的地摊前有了看货的人，那人看了一会儿，说道：“这夜壶大了些。”那儿子马上接过话茬儿：“大了好哇！装的尿多。”那人听了，觉得很不顺耳，便扭头离去。

走到南街，看到了老人的摊子，自言自语地说："怎么都太大了点儿。"老人听了，笑了一下，轻声地接了一句："大是大了些，可您想想，冬天里，夜长啊！"

一句意味深长的话，说得那人会意地点了点头，继而掏钱买货。

父子俩在一个镇上做同一种生意，结果迥异，原因就在会不会说话上。我们不能说当儿子的话说得不对，他是实话实说。但不可否认，他的话说得欠水平。而老人则算得上是一个高明的生意人。他先认可了顾客的话，然后又以委婉的话语说"冬天里，夜长啊"，这句看似离题的话说得实在是好，它无丝毫强卖之嫌，却又富于启示性。其潜台词不言而喻。这种设身处地的善意提醒，顾客不难明白。卖者说得在理，顾客买下来也就是很自然的事了。

口才高手并非指那些说起话来锋芒毕露、刀刀见血的人。真正的口才高手说话张弛有度、进退适宜。或直指对方、咄咄逼人，达到震慑对方的目的；或委婉曲折、循序渐进，达到使对方心领意会的目的。

文学作品中，孙犁笔下那几位青年妇女无疑是做到这一点的典范。孙犁在小说《荷花淀》中描写几位妇女："女人们到底有些藕断丝连。过了两天，四个青年妇女聚在水生家里来，大家商量。'听说他们还在这里没走。我不拖尾巴，可是忘下了一件衣裳。''我有句要紧的话得和他说。''我本来不想去，可是俺婆婆非叫我再去看看他——有什么看头啊！'"

这几位青年妇女的丈夫都参军走了，无疑，她们的共同心理就是很想念自己的丈夫，都很想去驻地探望一下。但是，由于害羞，不好当着众人直接说出来，就各自找一个很好的托词来表达本意，她们觉得到驻地去的理由是十分充分的，非去不可。这就含蓄地表达出自己的意愿，旁人听起来也觉得有理。相形之下，直接说自己很思念丈夫，想去驻地探望一下就太露骨了，又可能引起其他比较进步的姐妹的不满。孙犁笔下的这几位普通的青年妇女不自觉地运用了交涉中的一种很好的艺术：委婉含蓄，使对方自悟其意。

生活中，我们有时会听到有人这样评价一个人：“他说话能噎死人！”这就说明说话太直接了容易使人一时难以接受，事倍功半。甚至有时我们的本意虽然是好的，但是由于说得太突然、太直接了，而难以达到目的，误人误己。其实，咱们中国人对这方面还是挺注意的，比如说在我国传统的修辞方法中，就有一种“婉约”手法。求人办事说得委婉一点儿，含蓄一点儿，让对方自己领悟到那层意思，可以给双方更多的考虑空间，也容易让人接受。

杨洪是三国时期的蜀郡太守。他的门下书佐何祗出道时间短，却升职很快，居然当上广汉太守。每次朝会，杨洪都要和同为太守的昔日部下何祗平起平坐。杨洪心里有点不平衡，在一次朝会空闲，他语带嘲谑地问何祗：“你的马怎么跑得这样快？”

很明显，说的是马快，但实则是指升职的速度快。

这个问题，暗藏锋芒，不好回答。老老实实地回答为什么自己的马快（马的品种好？架车的人技术好？）没什么意思，也有答非所问之嫌。那么直接把问题说开，解释自己快速升职的理由？也不好，有自以为是、自我吹嘘的嫌疑。当然，对于这类问题，完全可以糊涂视之，打个哈哈就过去了。

但何祗不同。他笑呵呵地回答：“不是小人的马跑得快，实在是因为大人您没有给快马加鞭啊。”

抛开杨洪的阴暗心理不说，他的提问的确够水平。而何祗的回答更为高明，委婉地解释了自己升职快的原因是勤勉，而对方升职慢的原因是不够努力。两人的话都很委婉，不明就里的人还真不知道他们话里有话。他们在委婉中完成了一场小小的交锋，却又照顾了彼此的身份与面子。

总之，委婉说话是一种策略。含蓄委婉地说话，正是为人成熟的表现。作为一个现代人，应当有这种文明意识，应掌握这一有利于人际交流的语言表达方式。

◆ 精于口才者擅长察言观色

关于口才，很多人都理解为说话的能力。因为他们总感觉自己笨嘴拙舌，在人前不敢讲话，因此很羡慕那些一开口就滔滔不绝的人。不过，换另一角度，我们可以把口才理解为是一种能够把握何时开口、何时闭嘴的能力，包括掌握什么该说、什么不该说的能力，应该把“才”放在第一位。一个不怎么说话的人也可能是很有口才的人，只要他的每一句话都说得恰到好处；一个嘴时刻不闲着的人也可能是丝毫谈不上有好口才的人。精于口才者，最擅长察言观色。

孔子说：“巧言令色，鲜矣仁。”不过，今天跟孔老夫子的那个时代已经有了很大的不同，在这个时代，不巧言，不令色，不但不能很好地彰显你的仁德，有时反而凸显你的不识时务。

说话，并不是开口那么简单，而是应当懂得什么时候说什么话；同时还要为自己说过的话负责。倘若一个人没有真材实料，没有真知灼见，那么他说的话也许能够一时把人吸引，却不可能蒙蔽他人一世。

巧言令色的前提，是胸中有大志。

战国时期，安陵君以其能言善辩成为楚王的宠臣，很受楚王的器重。安陵君之所以能够因口才而取得这样的地位，并不是他一味地谈吐不凡，他真正的成功在于遇事从不立即脱口而出，而是看准了时机才开口说话。

安陵君的一位朋友叫江乙。一天，他突然问安陵君："您没有一寸土地，也没有至亲骨肉，却身居高位、享受优厚的俸禄；国人见到您，也纷纷整衣跪拜，等着接受您的号令，为您效劳，这是什么原因呢？"

安陵君答道："这是大王太过抬举我了。"

江乙听后，不无忧虑地说道："用钱财相交的人，交情就会随着钱财的用尽而断绝，就如同靠美色相交的人，一旦美色衰老则会情移。所以美丽女子往往还没等到卧席被磨破，就已遭人遗弃；得宠的臣子也等不到车子被坐坏，便遭驱逐。而今您掌握楚国大权，却无法同大王深交，我私下里实在替您担心，觉得您的处境实在是有些危险。"

安陵君一听，恍然大悟，立刻恭敬地拜问江乙："既然如此，请先生指点迷津。"

江乙说："希望您一定要找个机会跟大王说'愿随大王一起死，以身为大王殉葬'。这样一说，必定能使您的权位长久。"安陵君听后，立刻说："谨听先生教诲。"

然而很长一段时间过去了，安陵君依然没有对楚王说这番话。

江乙急着去见安陵君，说："我告诉您的那些话，为何至今不对楚王说呢？既然您不用我的计谋，我从此不再管了。"

安陵君忙说："先生的教诲，片刻不曾忘却，只是一时找不到合适的机会。"

又过了一段时间，机会终于来了！那天，楚王到云梦泽打猎，一箭射毙一头狂奔的野牛，百官和护卫欢声雷动，齐声赞颂。楚王也高兴极了，说道："今天游猎，寡人何等快活！待寡人千秋之后，谁能和我共有今天的快乐呢？"安陵君一看机会来了，便赶忙走上前去，泪流满面地说："臣从进宫那天起就与大王同共一席，外出和大王同车而坐，大王千秋之后，我愿随从而死，黄泉之下也做大王的席垫，为大王挡蝼蚁，便是臣最大的荣幸。”

楚王一听，非常感动，随即正式设坛封他为安陵君，日后也更加宠信他。

这件事说明，把握说话时机非常重要，这个过程需要有充分的耐心，也需要积极地进行准备，等待条件成熟，但绝不是坐视不动。《淮南子·道应》云：“事者应变而动，变生于时，故知时者无常行。”安陵君的过人之处，便在于他有充分的耐心，等待楚王欢欣而又伤感的那个时刻。此时，动情表白，感人肺腑，愉悦君心，终于受封，保住了长久的荣华富贵。

是否敢说又善说，对一个人的生活、事业乃至闲暇娱乐都有着至关重要的作用。生活中，敢说又善说的人，总是很受欢迎。他可以使许多陌路人走到一起，携手共进；可以让许多志趣各异、性格有别的人互相了解，互相交流；可以排解纠纷，消除人与人之间的误会与隔阂；可以令愁眉不展、郁郁寡欢者得到安慰；可以使悲观厌世、不思进取者受到鼓舞；可以使周围的人变得更快乐、更聪明、更美好、更振作有为。

在工作及事业上，善于抓住时机说话的人，能够充分利用自己的语言交际能力来说服他人，从而使工作顺利进行，事业成功在望，人生左右逢源。可以这样说，要想成为成功人士，说话的自信心和说话的魅力不可或缺。

在闲暇娱乐中，敢说又善说的人，能够随时随地给生活增添乐趣。无论是朋友还是家人，都能从他的谈吐中感受到欢快、轻松、愉悦。甚至会令大家感到比上电影院、歌舞厅还能得到更多的乐趣。

与此同时，我们也总会看到很多不善言辞的人所遇到的难堪、尴尬。他们不会用语言准确完美地表达自己的意愿，让听者听起来也感觉费力劳神，更不要说会使对方产生共鸣或心悦诚服地接受其意见。这就给交际制造了种种困难，从而影响工作和生活，同时也会给自己带来诸多苦恼。

敢说善说的人，总能让人清清楚楚地明白自己的意图，相反，那些胆小又不善言谈者，则经常使人产生误解。敢说又善说的人，总能够很愉快地在各种场合取得成功，而那些不敢说又不善说者，却往往无法在谈话中使人信服，因而总跟失败结缘。由此可见，敢说话并善于说话，能够抓住时机完美表达自己意愿，对我们每个人来说都是非常重要的。

◆ 不要涉及别人忌讳的话题

清代明君康熙皇帝，到了晚年头发花白了，牙齿也已松动脱落。这本是人生的自然规律，但他人老心不服老，听到人说他“老”就很不高兴，所以跟随左右的臣子都深知他的心理，特别忌讳说“老”一类的字眼，从不在皇上面前触这个霉头。而康熙皇帝为了显示自己还年轻有活力，常常率领皇后、妃子们去猎苑猎取野兽，在池上钓鱼取乐。

有一次，他率领一群皇妃们去湖上垂钓。不一会儿，钓竿一动，康熙皇帝连忙提起钓竿，只见钩上钓着一只老鳖，心中好不欢喜。谁知刚刚拉出水面，只听“扑通”一声，鳖却脱钩掉到水里跑掉了，康熙长吁短叹连叫可惜。在康熙身边陪同的皇后见状连忙安慰说：“看光景这只鳖是老得没有门牙了，所以衔不住钩子了。”

这时，在一旁观看的一个年轻妃子见状忍不住大笑起来，而且笑个不止，简直是笑得直不起腰来。康熙见了不由得龙颜大怒，他认为皇后言者无心，而那妃子则是笑者有意，是在含沙射影，笑他没有牙齿，老而无用了。回宫之后，康熙下了一道谕旨，将那妃子打入冷宫，终身不得复出。到了这个时候，那个年轻的妃子才深深感到后悔了，她叹息着说：“因为我不慎笑了一笑，却害得自己守寡一生，这都是我自己不注意带来的恶果啊。”

为什么皇后在说话时明显说到“老”字而康熙皇帝没有怪罪她，而妃子只是笑了一场，康熙皇帝却怪罪她呢?

首先，是康熙的忌讳心理，他不肯认老，更忌讳别人说他老，这种心理实际是反映了老年人的一种普遍的心理状态，由于上了年纪，在体力和精力上都有所下降，但又不肯承认这个现实，而且也希望人们在客观上否认这个现实，故而一旦有人涉及这个话题心理上就承受不了。

其实，由于皇后和妃子与康熙皇帝的感情距离不同。皇后说的话，仔细推敲一下，有显义和隐义的两个意义，显义是字面上的意义，因为康熙皇帝与皇后的感情距离较近，他产生的是积极联想，所以他只是从字面上去理解，知道皇后是一片好心的安慰。妃子虽然没有说话，只是笑了一笑，但她是在皇后说话的基础上笑的，她与康熙皇帝的感情距离比较远，所以让康熙皇帝产生了消极联想：那老鳖老掉牙衔不住钩子，就像你康熙皇帝一样老而无用，连钓起的老鳖也让它逃跑了。这下深深地伤害了康熙的自尊心。

自然，康熙因妃子笑话他而给出这样的重罚，暴露出了封建帝王的冷酷。但如果是一个正常的人，别人这样笑话你的缺憾，你也会同样不高兴的。人总是有自尊心的，总希望受到别人的尊重，而不希望人们一见面就提自己不愉快的事。没有谁会喜欢别人对自己“哪壶不开提哪壶”的!

人人都不愿意人家触及和谈论自己的憾事、缺点、隐私和使自己感到难堪的事，这也是一般人所共有的心理。因此在生活中与人交往和说话交流时，一定要注意尊重别人，交谈时千万不要提及别人所忌讳的问题，不然就会使人际关系恶化，导致交际的失误。

在生活中这样的失误还真是不少。有位身材比较胖的顾客到服装店里买衣服，她对一件大花图案和横向条纹的上衣感兴趣，售货员劝道：“这种大花带横条的衣服适合瘦人穿，你这么胖，再穿上这种衣服，那不难看死了。”售货员是一片好心，但她哪壶不开提哪壶，触及顾客的忌讳了！果然，女顾客气得一句话都没说就走了。

有一个人从小双臂残疾，靠着自己的努力练出用脚指头来笔写字作画的本领，他的画被选送到国外展出。某天，一位记者在采访他时竟唐突地问：“你是靠脚指头成名的，那么我问你，是脚有用还是手有用？”这一问使得那个画家十分恼怒，反问：“维纳斯雕像是以断臂出名的，你说她是有胳膊美还是没有胳膊美？”问得那记者哑口无言，采访也随之失效。

俗话说得好：“矮子面前莫说矮。”别人有生理上的缺陷、家庭上的不幸，或者自己在为人处世方面有短处，心里已经是够痛苦的了，就别再雪上加霜了。碰上这些情况我们都应该加以避讳，不能“哪壶不开提哪壶”，伤害了别人不说，别人也不会轻易放过你的，到头来只能是两败俱伤。

人际交往是复杂的，由于种种原因，有时说话还非要涉及别人忌讳的话题不可，在这种情况下，就要讲究语言技巧了。要尽量把话说得委婉、含蓄些，在遣词造句时，要避免那些带有直接刺激感官的字眼，这样就有可能取得比较好的效果。例如，同是一位较胖的女顾客去布店买花布做衬衫，在选择大花图案还是几何图案上拿不定主意，女售货员根据顾客的特点，帮她选择了几何图案的花布，并且介绍说：“这种大花图案带有扩张感，你穿不太合适。这种几何图案艺术大方，颜色也好，一尺才五元，你买七尺就够了，花钱不多做件衬衫穿，能使人显得年轻，瘦溜。”这样顾客听了就很舒服。

切记，在跟别人交谈时，千万不要哪壶不开提哪壶，尽量挑别人喜欢听的话说，就算不小心提到了别人忌讳的东西，也要学会巧妙地转移话题。

讲究避讳能够在人际交往中适应他人，理解他人，尊重他人，尽量避免给别人带来不愉快。这是讲文明、有礼貌、修养好的表现，也是显示你高超口才的一大突出表现。

◆ 用模糊语言巧周旋

学习口才的目的之一，是提高自己的表达能力。以便自己准确地表达，让别人更好地理解与接受。但是，在一些特定的场合，我们不说不行，但说太清楚了就会伤害到其他人，进而对自己不利。这时，我们应该使用一些模糊语言来巧妙地周旋。

常听到一些经理在给员工做报告时说：“我们部门里绝大多数的员工是勤快、要求上进的。”这里的“绝大多数”是一个尽量接近被反映对象的模糊判断，是主观对客观的一种认识，而这种认识往往带来很大的模糊性；因此，用含糊语言“绝大多数”比用精确的数学形式的适应性强。即使在严肃的对外关系中，很多时候也需要含糊语言，如“由于众所周知的原因”“不受欢迎的人”，等等。究竟是什么原因，为什么不受欢迎，其具体内容，不受欢迎的程度均是模糊的。

平时，你要求别人到办公室找一个他所不认识的人，你只需要用模糊语言说明那个人矮个儿、瘦瘦的、高鼻梁、大耳朵，便不难找到了。倘若你具体地说出他的身高、腰围精确尺寸，反倒很难找到这个人了。因此，人们在适当的时候不妨放弃这样一种观念：“准确总是好的。”

鲁迅讲过一个故事——有家人家生了个男孩，合家高兴透了，满月的时候抱出来给客人看，有的说："这孩子将来要发财的。"说的人得到一番感谢。有的说："这孩子将来要做官的。"说的人得到了几句恭维。有的说："这孩子将来要死的。"说的人一定会得到大家合力的痛打。说要死的必然，说富贵的说谎，但说谎的得好报，说必然的遭打。那么既不愿说谎忽悠人，也不愿遭打，就只能说："啊呀！这孩子啊，您瞧！多么……哎呦！哈哈！"这种打哈哈就是一种模糊语言，包含了机智的情趣。

模糊语言在外交场合上用得最多。什么"我们关注到"之类的话，经常出现在外交发言人的口里。因此，模糊语言也叫外交辞令。外交辞令是运用不确定的或不精确的语言进行交际的一种语言表达方式，在公关语言中运用适当的外交辞令，是一种很好的"铁布衫"防身术。外交辞令主要表现在语言的含糊上。

1962年，中国在自己的领空击落美国高空侦察机后，在记者招待会上，有记者突然问时任外交部长陈毅："请问中国是用什么武器打下U-2型高空侦察机的？"这个问题涉及国家机密，当然不能说，更不能乱说，但对记者的提问，又不能不答。于是，陈毅来了个闪避："嗨，我们是用竹竿把它捅下来的呀！"用竹竿当然不可能捅下来，但大家都心照不宣，哈哈大笑一阵便罢了。

国家大事上经常要用外交辞令，生活中的小事情有时也会用到。有些人老实忠厚，不善外交辞令，他们认为外交辞令是政治家的事，在日常生活和工作中用外交辞令没有必要。事实上，外交辞令在任何场合都大有用处。

例如，夫妻间吵架，要你去评理。你还真的把自己当公正的法官，问清事情的来龙去脉，"知无不言，言无不尽"地把谁是谁非分析得头头是道。结果，被你分析得没有道理的人不服，争吵继续。吵架过后，先是一方怨恨你，等到他们夫妻和好，怨恨你的说不定变成了两个。这样的例子屡见不鲜，真是何苦呢！人家的家务事，你判得清？还不如一上场就施展外交辞令，做一个糊涂的和事佬。

最后，还需补充的是：模糊式的外交辞令只能在特定的场合用一用。老是用这种语言的人，会因为虚伪而得不到他人的信任。

◆ 巧用暗示化尴尬

暗示是一种隐蔽的、含蓄的提示，是一种巧妙的说话方式。运用暗示的说话方式，可以将一些不便明说的意思表达出来。

美国经济大萧条时期找到一份工作是很困难的。有位小女孩幸运地在一家高级珠宝店找到了一份销售珠宝的工作。一天，珠宝店里来了一位衣衫褴褛的青年人，青年满脸悲愁，双眼紧盯着柜台里的那些宝石首饰。

这时，电话铃响了，女孩去接电话，一不小心，碰翻了一个碟子，有六枚宝石戒指落到地上。她慌忙拾起其中5枚，但第六枚怎么也找不到。此时，她看到那位青年正惶恐地向门口走去。顿时，她意识到那第六枚戒指在哪儿了。当那青年走到门口时，女孩叫住他，说："对不起，先生！"

那青年转过身来，问道："什么事？"

女孩看着他抽搐的脸，一声不吭。

那青年又补问了一句："什么事？"

女孩这才神色黯然地说："先生，这是我的第一份工作，现在找工作很难，是不是？"那位青年很紧张地看了女孩一眼，抽搐的脸才浮出一丝笑意，回答说："是的，的确如此。"

女孩说："如果把我换成你，你在这里会干得很不错。"

终于，那位青年退了回来，把手伸向她，说："我可以祝福你吗？"

女孩也立即伸出手来，两只手握在了一起。女孩仍以十分柔和的声音说："也祝你好运！"

青年转身离去了。女孩走向柜台，把手中握着的第六枚戒指，放回了原处。

本来，这是一起盗窃案。在通常情况下，大多数人可能会大叫抓偷窃者或者报警。但是，这位女孩却巧妙地运用了暗示，既没惊慌也没声张，却使小偷归还了偷窃物，那小偷也没有当众出丑，体面地改正了自己的错误。假如那女孩大喊大叫，说不定小偷会在情急之下飞快跑了，或偷偷将戒指扔到某个难以寻找的角落。

暗示的显著特点是"言此而意彼"，能够诱导对方领会你的话，去寻找那言外之意。从心理学的角度来看，委婉暗示的话，不论是提出自己的看法还是劝说对方，都能维护对方的自尊，使对方容易赞同，接受自己的说法，进而也就达到了沟通的目的。

生活中有很多尴尬的事情发生，如果直截了当，可能会让大家陷入难堪的境地。此时，不妨巧妙地旁敲侧击，用暗示的方式来提醒对方。

张小姐是王老板的秘书，一次他们去陪几个重要的客户。酒桌上推杯换盏，气氛友好而热烈。突然，张小姐无意中发现刚从洗手间出来的老板忘记了拉裤子的拉链。张小姐连忙迎上还没落座的老板，低声说："王总，您刚才出门是不是忘记关车库门了？"老板一听，"这个幽默我在网上看到过啊，难道……"忙下意识低头看，好在张小姐早就帮他挡住了客户的视线。老板"嘿嘿"笑了笑，转身进了洗手间。过会儿出来时，说：“哎哟，把手表给忘在洗手台上了，幸亏张小姐眼尖，否则就丢了。”一场尴尬就这样化为无形。

暗示最怕的是太“暗”，“暗”到别人很难明白你的真实意思，那就白暗示了。拿上面的轻喜剧来说，“车库门忘关”代指忘记拉拉链的小幽默，几乎上网的人个个都看到过。因此，秘书的话老板一听就马上能联想到发生了什么事情。而要是秘书直接说：“老板，你忘记了拉下面的拉链了。”老板当时一定会脸红、不好意思，双方也会有尴尬。而秘书采取暗示的说法，双方都会自在多了。

暗示最怕碰上榆木疙瘩脑袋，你再怎么点拨都不开窍。在《梁山伯与祝英台》中，祝英台不停地暗示再暗示，可憨厚的梁兄就是不开窍，怎么点也点不醒、点不透，让看的人急都急死了。但观众急没有用，祝英台急也白搭。最后，悲剧不可避免地出现了。好在那是戏剧，人物与情节的安排要符合剧情的需要，生活中这样木讷的人不多见，要是你有幸碰上了，还是不暗示的好。

◆ 自己的观点借别人之口表达

汉献帝十三年，枭雄曹操大军压境，剑指蜀汉。诸葛亮奉刘备之命，去游说东吴联手抗曹。

诸葛亮并不了解周瑜的个性与为人，也不了解周瑜对抵抗曹军的态度，于是决定透过鲁肃探寻一番。

这一天，诸葛亮在鲁肃的陪同下去见周瑜。周瑜听完鲁肃的军情报告后，顺口说了句：“应该向曹操投降。”周瑜之所以这样说，是想看看诸葛亮的反应，摸清他的意图。

诸葛亮明知周瑜说的是假话，但不点破。他只是微微一笑，说：

“将军所言极是！”之后，他又装作很诧异的样子，说：“主战派的鲁肃将军，竟然不理解天下大势。”

就这样，诸葛亮借不在场的鲁肃的口，把自己心里要说的话说了出来，以此来探周瑜的口风。

明知是自己想说，但怕说出来遭到对方反对，或被对方抓住把柄，便“揪”来一个人，“借”他的口说自己的话。这样，给双方的交流留下了一个缓冲地带，使自己可进可退，游刃有余。

借别人的口说自己的话，这个说话的艺术与“借刀杀人”的计谋存在一定的相通之处。有时，我们有一些观点想亮出来，但因为不清楚对方的反应，怕这个观点给自己带来麻烦。在这种情况下，我们不妨将观点假借他人之口亮出来，看看对方听了之后是如何反应，再确定自己的应对之策。

这里还有一个非常著名的例子，可以用来说明“借别人的口说自己的话”的妙处。在“西安事变”前夕，张学良和杨虎城就频繁会面，都有心对蒋介石发难。可对于这个关系到身家性命和国家前途的大事，在对方亮明态度之前，谁也不敢轻易开口，眼看时间越来越近，双方都是欲说还休。

杨虎城手下有个激进人士叫王炳南，张学良也认识。在又一次会面中，杨虎城便以他投石问路，说道：“王炳南是个激进分子，他主张扣留蒋介石！”张学良及时接口道：“我看这也不失为一个办法。”于是两人开始商谈行动计划。

当时，张学良的实力比杨虎城的大得多，且又是蒋介石的拜把子兄弟。杨虎城如果直接把自己的观点摆在张学良的面前，而他又不赞成，后果实在堪忧。于是便借了并不在场的第三者之口传出心声，即使不成也可全身而退，另谋他策。

杨虎城从侧面下手，己话他说，暗示了自己的立场，既有助于问题解决，又能顾及自身。张学良听出弦外之音，也向前跨了半步，用“也不失为一个好办法”来婉转示意。他们之前的谈话，真是滴水不漏。

“借口”有个好处，就是“诡文而谲谏”，明明是你想说的，你却说是别人这么说。听话的人如果不同意，也不会搞得两人难堪。

“借口”还可以借“公正第三者”的口说话。例如你丈夫邀人来家打麻将，你自己不抱怨，只淡淡地说：“楼下的人都说咱家成了麻将馆了。”

总之，借人家的口来说自己的话，好处自己得，坏处给了别人。只是，在施用这个技巧时，不要造谣生事、搬弄是非。明明张三根本没说过，你“诬蔑”是他说的；或者张三说过，但你在借用时可能会引起你对面的人的极大反感，为张三带来不良的后果。其实，你纵是想无中生有地说，或别人的确说了但不宜直接说出是谁说的时，完全可以用模糊“说话人”方式来“借”。比如“我听有人说您要将店铺转让？”对方若是真的有心转让，怕也不会追问到底是谁说的，而若一味追问，你也大可打个哈哈，一句“我不太记得了，或许是我听错了”就轻松打发。如果不甘心，再问一句：“那么看来没有这回事了？”这话既达到目的，又说得圆滑，讲得体面。

◆ 指桑骂槐要慎用

“指桑骂槐”是我国古典兵法《三十六》中的计策。在纵横家的口里，偶尔也会运用这个战术，表面上骂这个人，实际上是骂那个人；表面上说张家的事，实际上讲的是李家的事。

指着槐树骂槐树，称不上高明口才；指着桑树而实际上骂了槐树，才算得上是口才高手。指桑骂槐就是利用一种特殊的语言环境，把词语的针对性转向谈话对方，从而产生不可言说、只可意会的效果。

魏晋时，谢石打算隐居山林，然而父命难违，不得已只好在醒公手下做司马。一次，有人送醒公草药，其中有一种草药叫远志。醒公问谢石：“这药又叫作小草，为什么同是一物而有两个名称？”

谢石一时答不上来，郝隆当时在座，应声说道：“这很好解释，隐于山林的就叫远志，出山就叫小草了。”

谢石听到此处，满脸愧色。

魏晋时人们崇尚回归自然，并不以官宦为荣，隐居山林，过闲云野鹤般的生活是非常时髦的举动。郝隆这里正是指桑骂槐，表面上是解释草药的名称，实质上是嘲讽谢石。而谢石在这记闷拳之下，即使想反击也无从下手。

指桑骂槐的特点就在于巧妙地利用词语的多义性或双关性等特点来做文章。说话者说出的话语，从字面上的意思看似乎并不是直接针对对方，但话语中却暗含了攻击对方的深层意思，使对方虽有觉察却又抓不住把柄，只好哑巴吃黄连了。

从前，有个盲人被无辜地牵涉到一场官司中，开堂审判时，他对县太爷说：“我是一个瞎子。”

县官一听，立刻厉声责问：“混账！看你好好的一只眼睛，怎么说是瞎子？”

盲人接过县官的话：“我虽然有眼睛，老爷看小人是清白，小人看老爷却是一团黑的。”

这里，盲人采用的就是指桑骂槐法。他所说的“清白”和“一团黑”，实际上是利用一词多义的现象而造成的一语双关的修辞效果，从而达到了“指桑骂槐”的目的。

指桑骂槐是一个致人内伤的阴招，一般用于恶人身上。此外，非常要好的朋友之间开开无伤大雅的玩笑，也可偶用。一个人如果不分对象地滥用，只怕会落个言辞刻薄的恶名，令人唯恐避之而不及。这一点大家不可不察。

指桑骂槐大多数时候只是图个口里痛快、心里舒服，但说话高手却能将这一战术指向具体的诉求。

著名国画家张大千先生留有一口长胡子，人称“美髯公”，他也颇以自己的胡子为荣。可是，在一次吃饭时，有一个好友以他的长胡子为题材，连连不断地开玩笑，言辞逐渐出格。

张大千等朋友说了个七七八八，才不慌不忙地开腔：

“既然你那么喜欢讲胡子的故事，我也来凑一个热闹，讲个有关胡子的故事。刘备在关羽、张飞两弟亡故后，特意兴师伐吴为弟报仇。关羽之子关兴与张飞之子张苞复仇心切，争做先锋。为公平起见，刘备说：‘你们分别讲述父亲的战功，谁讲得多，谁就当先锋。’张苞抢先发话：‘先父喝断长坂桥，夜战马超，智取瓦口，义释严颜。’关兴口吃，但也不甘落后，说：‘先父须长数尺，献帝当面称为美髯公，所以先锋一职理当归我。’这时，关公立于云端，听完禁不住大骂道：‘不肖子，为父当年斩颜良，诛文丑，过五关，斩六将，单刀赴会，这些光荣的战绩都不讲，光讲你老子的一口胡子又有何用？’”

听完张大千讲的这个故事，朋友哈哈大笑，连说“甘拜下风、甘拜下风”。在饭桌上再也不敢提“胡子”二字——因为一提又会做了张大千的儿子。张大千的指桑骂槐显然有点刻薄，但既然是好友之间，再说也是对方出格在先，似乎这样说说也无可厚非。但在此笔者要重申的是：指桑骂槐乃伤人重器，切不可轻易示人。

第五章　磨炼口才，言之有物

有些人有一肚子的话要说，可就是不知道该如何说出口——用什么方式？用什么言辞？或者有些人说了，可根本表述不清楚，给人一种味同嚼蜡的感觉。这是怎么回事呢？

与人交谈，重要的是“肚里有货，言之有物”。一切美丽的花朵，都植根于沃土之中，离开了泥土，它也就失去了养分，会干枯凋零。说话就犹如盛开的鲜花，离开了人的思想、知识、能力、毅力等因素，也就成了一朵空中的花、一朵永远不会盛开的花。深邃的思想、渊博的知识等都是说话者的“养料”。

诚然，口才有赖于日常的训练，但口才的磨炼在于人们善于思考、善于观察、兴趣广泛、知识丰富，以及具有强烈的同情心和责任心。“巧妇难为无米之炊”不就说明了这个道理吗？没有米，拿什么做饭？说话者没有“养料”，还指望他能言善辩吗？

所以，为了改善自己在言辞上给人味同嚼蜡的感受，赶快行动吧：通过多种渠道丰富说话内容、在遣词造句上做文章、精心选择引人兴趣的话题等。相信通过努力，每个人都可以成为一个人见人爱的口才高手！

◆ 丰富说话内容的渠道

谈话是一门艺术，所表达的内容包罗万象。通过谈话，可以反映一个人的道德修养、学识水平、思辨能力。要想使自己的语言具有艺术魅力，光靠技巧是不够的，一味地追求技巧而忽略自身素质的培养只能是舍本逐末，徒有一副空架子。

在现实生活中，许多人以为口才只是口上之才，以为口才好的人，只是因为他们很会说话，而自己是因为没有掌握说话的技巧、没有华丽的辞藻，才不会说话的。他们看见许多口才好的人什么都可以说，谈什么都很动听，就觉得他们口齿伶俐。这种看法是片面的、肤浅的。诚然，口才的能力有赖于日常的训练，但口才的实际基础是他们善于思考、善于观察、兴趣广泛、知识丰富，以及具有强烈的同情心和责任心。“巧妇难为无米之炊”不就说明了这个道理吗？

著名剧作家曹禺曾说，哪一天我们对语言着了魔，那才算是进了大门，以后才有可能登堂入室，成为语言方面的富翁。那么，我们应该怎样来具体学习、锤炼语言呢？下面介绍几种可行、有效的方法。

多读书，多看报

现代生活中，报纸、书籍已经成为人们生活的必备品。在读书看报时，备一支笔、一些卡片纸和一把剪刀，把所见到的好文章或让自己心动的话语记下来，或者剪下来，或摘抄在卡片纸上。每天坚持做，哪怕一天只记一两句，也会有所收获。日积月累，在说话的时候，也许就会不经意地用上它们，从而使自己的讲话内容丰富起来。“熟读唐诗三百首，不会作诗也会吟”的经验之谈，是大家所熟悉的，它告诉人们要学习口语，提高说话的技巧，就应多读书，多看报。“群书万卷常暗诵”，吟咏其中，则可心领神会，产生强烈的兴味。

善于学习

对于谈话的题材和资料，一方面要认真地去吸收，另一方面要好好地去运用。懂得如何运用，可以使一句普通的话发挥出惊人的效果。学习吸收的目的是为了更好地应用，不能应用的吸收毫无意义。

熟悉名篇佳作的精彩妙笔，则会获得丰富的词汇，自己演说和讲话时，优美的语言亦可随手拈来。只要我们潜心苦读，勤记善想，揣摩寻味，持之以恒，就能像郭沫若所说的那样“于无法之中求得法，有法之后求其他”了。

注意搜集警句、谚语

在听别人的演讲或别人的谈话时，随时都可以听到表现人类智慧的警句、谚语。把这些话默念在心里，记在本子上，久而久之，谈话的题材、资料就会越来越多，说起话来也就越来越条理清楚，出口成章。

提高观察问题、思考问题的能力

想提高自己的表达能力，就要不断提高自己观察问题、思考问题的能力。要不断丰富自己的学识与经验，并增强想象力与敏感性。随着表达能力的提高，人的综合素质和各项能力都会提高，最后成为一个说话高手。

深入生活

生活是语言最丰富的源泉。要使自己的语言丰富起来，一个闭门造车、与外面世界没有接触的人，是很难如愿的。老舍曾说：“从生活中找语言，语言就有了根。”这话含有很深刻的道理。

扩大知识面

知识贫乏是造成语言贫乏，特别是词汇贫乏的一个重要原因。如果

《红楼梦》的作者曹雪芹没有相应的词汇，就难以描写贾府上上下下的规矩、内内外外的礼教，就难以把王熙凤泼辣、干练、狠毒的性格描写得惟妙惟肖；如果《水浒传》的作者不懂得江湖勾当，不懂开茶坊的拉线及趁火打劫的种种口诀，就不可能把那个成了精的虔婆王干娘刻画得活灵活现。如今，人们都喜欢用“爆炸”这个词来形容某一方面的快速增长，比如信息爆炸、知识爆炸、人口爆炸等。改革开放以来，新词语铺天盖地而至，令人目不暇接，大有“爆炸”之势。

词语是社会生活最敏感的反应器，新词爆炸反映了新生事物的层出不穷，反映了当今社会的迅猛发展，反映了当今生活在开放洪流中的日新月异，我们对这些新的词语应及时掌握，学会运用。

如果我们不想让自己做一个井底之蛙，就应静下心来努力学习，拓展自己的视野。若不想说话空洞无物，就应下决心积累大批的、雄厚的、扎实的“本钱”，武装自己的头脑，丰富自己的说话内容。

◆ 精彩的口才源于丰富的阅历

一个人口才好，很重要的一点是他所表达的内容是实实在在的，不是虚无的。也就是说，他所说的东西是确实存在的，不是捏造、胡编乱造出来的。而这个确实存在既可能是他从别人那里听来的，也可能是他从书本上读到的，还可能是他自己的亲身经历。而这其中，自己的亲身经历是最好的素材。

每个人的成长都会经历许许多多、大大小小的事情，这些事情形成了一个人对世界的认识和看法，形成了一个人的人生观、价值观，营造了一个人的精神世界。它们也会变成一种积累和沉淀蕴藏在头脑中，变成日后的一笔宝贵财富。

就像我们经历一件大的事情，会使我们的认识和心态发生大的转变一样，很多的类似经历都会逐渐渗透、铸造一个人的内心世界，然后体现在外表上，体现在为人处世的方式上，展现在举手投足间，展现在言谈话语中。

其实，就像我们经历过一次事情，下次再遇到类似的事情就不会慌张一样，一个人的生活历练首先造就了一个人平和的心态，然后为一个人的说话增添了素材，使人说起话来“言之有物”。

生活历练首先为人们提供了某种经历，这种经历可能在日后的某一天作为一种才能、一种经历、一种资本、一个谈资，为自己的语言增添魅力。

但是，仅仅将这些经历原原本本地讲述出来，有时候是远远不够的，也未必能体现一个人的口才。这个时候，就需要在事实基础上运用一些技巧，使说出来的话更加好听。

古时候一个考生在考试前做了三个梦：第一个梦梦到自己在墙上种白菜；第二个梦梦见在下雨天，他戴了斗笠还打伞；第三个梦梦到跟心爱的表妹躺在一起，但是背靠着背。第二天一早，考生找到算命先生，让他解梦。算命先生一听，连连摇头说：“你还是回家吧。你想想，高墙上种菜不是白费劲吗？戴斗笠打雨伞不是多此一举吗？跟表妹躺在一张床上，却背靠背，不是没戏吗？”考生一听，心灰意冷，回店收拾包袱准备回家。店老板感到奇怪，问：“明天不是要考试吗？你怎么今天就回去了？”考生如此这般说了一番。店老板乐了：“我也给你解一下。我倒觉得，你这次不留下来就太可惜了。墙上种菜说明你会高种（中），戴斗笠打伞说明你有备无患，你跟表妹背靠背躺着，说明你就要翻身了啊！”考生一听，觉得很有道理，精神为之一振，以积极的心态应试，居然得了个第三名。

同样的内容用不同的说法来表达，孰优孰劣，结局不言自明。也就是说，同样的事情从不同的角度、用不同的方式来表达，得到的结果就可能是迥然不同的。但无论采取怎样的方法，都必须以事实为基础，否则，表达就成了无本之木、无源之水。那事实从哪里来呢？答案是从书本上来、从生活中来。

渊博的知识是睿智的象征，它对于口才有着神奇的力量。丰富的知识来源于平时持之以恒的、一点一滴的学习和积累。“万丈高楼平地起”“水滴石穿”“铁杵磨成针”说的就是这个道理，一个人要想提高自己的演讲与口才能力，就必须尽可能做到读万卷书，识万般理，平时养成多读书、看报的习惯。

生活是口才成功之源，精彩的口才源于精彩的生活。演讲家蔡朝东的演讲《理解万岁》之所以深深打动千千万万听众的心，是因为他曾经在炮火纷飞的老山前线出生入死，曾经在阴暗潮湿的猫耳洞忍饥挨饿，曾经目睹无数英勇无畏的军人为国捐躯的壮烈场面；而张海迪坎坷的人生经历和身残志坚的强者精神则使她的演说更是具有一种与众不同的魅力。因此说，亲身经历的东西最有说服力，也最具感染力。当然，我们每个人不可能都能拥有蔡朝东、张海迪那样丰富、坎坷的经历，也难拥有杨利伟那样独一无二、充满神秘感和英雄色彩的经历。但即使一个平凡人，也可以通过加强生活积累，创造有价值的人生经历。这里关键是要走出去，积极面对生活，感受生活，尝试生活的甜酸苦辣咸，用眼睛欣赏生活的色彩，用耳朵聆听生活的声音，用心灵感受生活的脉动。

精彩的口才需要技巧，但更需要真情实感，所谓“要动心，先关乎情”就是这个道理。当然，感情不可能凭空产生，感情来源于平时的经历和积累。没有丰富人生情感阅历的演员不可能成为出色的演员，同样没有丰富情感经历的人也不可能拥有真正出色的口才。真正感人的口才不是表演，而是真情流露！

我们常说生活是个大熔炉，即使你是一块废铁，生活也能把你锻造成好钢。因此，多向生活学习，多在生活中历练，就能为自己的口才做好充足的准备，积蓄足够的力量，备足丰富的谈资，插上飞翔的翅膀。

◆ 善于运用字眼的力量

词语是人说话的基本元素，用对了字词不仅能打动人心，同时更能带出行动，而行动的结果便是展现出另一种人生。马克·吐温说：“恰当地用字极具威力，每当我们用对了字眼……我们的精神和肉体都会有很大的转变。”

历史上许多伟大人物就是因为善于运用字眼的力量，大大地激励了当时的人们。当帕特里克·亨利站在13个州的代表之前慷慨激昂地说道：“我不知道其他的人要怎么做，但就我而言，不自由，毋宁死。”这句话激发了几代美国人的决心，发誓推翻长久以来压在他们头上的苛政，结果造成燎原之火，美利坚合众国由此诞生。

美国一位伟人演讲道：“当我们今天得以享受到充分的自由时，不要忘了独立宣言，虽然那没有几句话，却是200多年来所给予我们每个人的保障。同样地，当我们这些年致力于种族平等时，不要忘了那也是因为某些字眼的组合而激发出来的行动所致，请问谁能忘记美国马丁·路德·金博士打动人心的那一次演讲。他说道：‘我有一个梦，期望有一天这个国家能真的站立起来，信守它立国的原则和精神……’”

第二次世界大战期间，英国正处于风雨飘摇之际，有一个人的演讲激起了英国全民抵抗纳粹的决心，结果他们以无比的勇气挺过了最艰苦的时刻，打破了希特勒部队所向无敌的神话。这个人就是丘吉尔。

从某种程度上说，人类的历史就是由那些具有震撼力的语言推动的，然而却鲜有人知道那些伟人所拥有的语言力量也能够在我们的身上找到。这能改变我们的情绪、振奋我们的意志，乃至于我们有胆量敢于面对一切的挑战，使人生丰富多彩。

我们在跟别人说话时用词常常十分谨慎，然而却不留意自己习惯用的字眼，殊不知我们所用的字眼会深深影响我们的情绪，也会影响我们的感受。因此，如果我们不能好好掌握怎样用词，如果我们随着以往的习惯继续不加选择地用词，可能就会扭曲事实。譬如，当你要形容一件很了不起的成就时，用的字眼是“不错的成就”，那对你的情绪就很难造成兴奋的感觉，这全是因为你用了具有局限性的字眼所致。一个人若是只拥有有限的词汇，那么他就只能体验有限的情绪。反之若是他拥有丰富的词汇，那就有如手中握着一个可以调出多种颜色的调色盘，可以尽情来挥洒他的人生经验，不仅为别人，更可以为自己。

◆ 如何让语言更生动

著名作家李准曾经这样说过：“没有几下子，很难当个作家！我的看家本事是，三句话教人落泪，三分钟过戏，把读者的心放在我手心里揉，教他噙着眼泪还得笑。”

提到著名表演艺术家常香玉时，许多人不由得竖起大拇指。在她舞台生涯五十周年庆祝大会上，文艺界的许多大腕都来向她道贺。电影导演谢添拉住李准说：“李准，我想当众试试你！你自称三句话就能教人落泪，三分钟过戏，不知你能不能让常香玉哭一场，如果可以，我对你就心服口服了。”

李准皱皱眉，面带难色地对常香玉说：“香玉，今天是你的大喜日子，可是他偏偏让你哭，这不是难为人吗？”

常香玉说：“你今天若真能让我哭，算你真有本事！”

李准伤感地说：“香玉，咱们能有今天，实在是太不容易啦，严格地说，你可算得上是我的救命恩人！我10多岁那年，家乡闹饥荒，大家都逃到了西安，就在人们快要饿死的时候，忽然有人喊：大唱家常香玉放饭了，河南人都去吃吧！大家都一窝蜂似的拥了过去。我捧着粥，泪往心里流。我那时就想，如果以后能见到这位救命恩人，我将当场给她叩个头！没想到我们的见面方式竟是如此独特。‘文化大革命’中，你被游街示众，他们让你‘坐飞机’。而我就站在旁边，心里特别不是滋味，我多想大喊一声，你们放了她吧，她是好人，是我的救命恩人啊，让我替她游街吧……”

说到这，常香玉已经泪流满面了，对李准说：“老李，别再说了。”说罢掩面痛哭起来。大厅里的人们，都沉浸在悲伤的往事中，大家听着李准的故事，为常香玉的遭遇而难过，早已忘记了李准与谢添的打赌，就连谢添也轻轻吸了一下鼻子。

由此看来，李准并非虚夸自己，他针对常香玉特有的心理，再加上生动感人的语言，极力渲染了悲伤的气氛，使人们无一不为之感动。与人交谈过程中，如果有了李准这样的本事，不就能在社交中游刃有余了吗？

那么，究竟该怎么样做，才能使语言更生动呢？还须做到以下两点。

多用感性的话语

感性的话语比较容易抓住听者的心，可以将听觉形象转化为视觉形象，通过视觉形象给人们留下深刻的印象。

理论结合实际

没有人喜欢听那些枯燥的说理性的大道理，与人交谈时应注意这点，最好做到将理论与实际结合在一起，这样说服效果才更明显，语言才能生动感人，具有魅力。

与人交往过程中，生动的语言、总能为自己的形象增添光彩。人们非常喜欢与说话生动的人交往，因为，这样的人总可以为其他人带来乐趣，这样就达到了把话说到点子上的目的。

◆ 根据场合和对方的需要选择话题

主题是两人谈话最重要、最关键的内容，是整个表达的根本依据。讲话时每一层次、每一段落、每一个句子、每一个词都反映着一个意思，这些意思都要统率于主题之下。因此，与人谈话要寻找触点，临场发挥，及时提炼新颖而典型的主题。选择主题有两个原则：一是适应场合，二是适应对方。那么，如何根据场合和对方的需要来确定主题呢？

就地取材话题多

双方介绍姓名后，刚开始交谈是最不容易应付的时候，因受时间的限制，不容许你多做犹豫，又不能冒昧地随便提出其他话题。“今天天气很好”这话最常用，但除了在户外或沙滩上散步时不妨用用之外，在其他场合上说太近敷衍，而且缺乏内容，难以开展较有趣味的谈话。所以在这里，就地取材似乎比较简单适用。

何谓就地取材？那就是按照当时的环境而觅取话题。如果相遇地点在朋友的家里或在朋友的喜筵上，那么对方和主人的关系可以做第一句的话题：“你和某先生大概是老同学吧？”或者说：“你和某先生是同事吗？”如此一来，无论问得对不对，总可以引起对方的话题，问得对的，可依原本主题急转直下，猜得不对的，再根据对方的回答又可顺水推舟，继续畅谈下去。

“今天的客人真不少！”虽是老套，但可以引起其他的话题。“这礼堂布置得很不错！”赞美一样东西，常是最稳当得体的开始。若是一般社交活动，则“山上的樱花开得很灿烂，颜色真好看，你曾去看过吗？”或“大热天在园子里喝茶，实在太舒服了！”都是就地取材的办法。

第一句的最高境界是人人能了解，人人都能加进自己的意见。由此再探出对方的兴趣和嗜好，然后拓展谈话的领域。如果指着一件绘画说：“真像凡·高的作品！”或听见鸟唱就说：“很有门德尔松音乐的感觉！”除非知道对方是内行，否则不仅不能讨好，而且会在背后挨骂。

如果不知道对方的职业，最好是不要问他。万一他正失业闲居在家，问他职业无异迫使他承认失业，否则他还要随便撒个谎，对于自尊心很重的人是不大好的。如果你想“开发”主题而希望知道他的职业，只能用试探他的方法：“你平常会做点儿球类运动吗？”如果他说“不”，你就可以问他是否很忙，继续下去问出他每天是否有固定的工作时间。如果他说“是”呢，便可加上一句问他通常在何时去运动，而决定他有无职业。

找不出其他话题时，那就用中国的老方法。问对方的籍贯，如“府上是什么地方”等，以中国人的习惯上是一点儿不觉得唐突的。知道了籍贯，话题就容易找了。如果是同一个县市呢，那更方便了，随便谈些两人皆知的社会新闻、都市建设、地方习俗等都可以。

如果是遇到一些知名人士，或有特殊成就的人，或对方已早对你说出自己的身份底细，那么，你大可提出话题，鼓励对方多谈谈他自己得意的方面，一则彼此均甚愉快，同时对方会对你产生好印象。再则，也可以从交谈中汲取新知，获得宝贵经验。

从新颖的角度说起

对同一个问题从不同角度进行表达，使之更加新颖，表达出众。如以小草为题，有人说“小草默默无闻，造福人类”，有人却说“小草逆来顺受，软弱无能，不思反抗”。

马克·吐温在一次宴会上这样讲道：“婴儿，是我们每个人共同拥有的经历，我们不幸不能生为女人；我们大家也并非都是将军、诗人或政治家；但是谈到婴儿时，这是我们共同的话题——因为我们都曾是婴儿。”

马克·吐温以婴儿为线索，话题新颖别致，串联了自己和别人的感情，营造出了热烈的气氛。

从共同点说起

周恩来总理出访印度时，一天晚上召开演讲会，有一帮印度记者扬言要发难总理。当工作人员得知后，将这个情况报告了总理，总理说“你们放心吧，新德里的子弹打不倒我”。于是，总理毫无顾忌地走进了会场。总理一上讲台，有位记者就喊：“中国佬，滚出去！”这时总理双目扫视了一下会场，然后开始了他沉稳的演讲。台下记者“唰唰”地记录着，总理重申了中国的立场后说：“中国、印度，都有着五千年的古老文明，印度的佛教经典，曾给中华民族的成长注入过丰厚的营养，中国的四大发明，也为印度的经济、文化繁荣做过贡献。几千年来，我们一直和平相处，在历史的长河中，中印之间从未发生过真正的战争。我希望，两国即使遇到再大的问题，也应坐下来通过协商解决。切不可对上辜负列祖列宗，对下害了后代子孙。”

这样一番真诚的话语，从印度和中国的共同点说起，拉近了与印度人民的距离，消除了记者们的敌意。

从身边事说起

很多人发言时总是喜欢搬用那些来自报纸杂志、广播电视的材料，似乎故事总是别人的好，可是用来用去，反反复复都是耳熟能详的材料，新意全无，怎么能吸引听众呢？为什么不用自己身边的精彩例子呢？只要留心观察，细心挖掘，身边有很多人和事都可以作为发言的话题，而且因为亲眼看见，亲身经历，有所感、有所悟，自然十分亲切，感受也会深切，具有说服力。

一位下岗女工这样讲述她的经历："4年前，单位精减人员，我下岗了。想着自己学历不高，身体又不好，心里痛苦不堪，不知道出路在哪里。一天我拨通了好友的电话，还没开口就忍不住哭了。好友不知道我出了什么事，在电话里哄我：不哭不哭，我马上打车到你家。没过多长时间，她就火急火燎地赶来了。得知我下岗的消息，她才长舒了一口气：'你呀，活活把我急死了，还以为出了什么大事呢，不就是下岗吗？活人还能让尿给憋死？正好，你原来就想当作家，写吧写吧，当自由撰稿人，坐在家里挣钱，多牛啊！'说完她还竖起了大拇指。我一下子被她逗笑了！"

这段话说得生动活泼，充满浓浓的生活气息，容易一下打动听众。

从经典的故事说起

白岩松在一次主题演讲中这样开始：多年前，有一位学大提琴的年轻人去向本世纪最伟大的大提琴家卡萨尔斯讨教："我怎样才能成为一名优秀的大提琴家？"卡萨尔斯面对雄心勃勃的年轻人，意味深长地回答："先成为优秀而'大写'的人，然后成为一名优秀和'大写'的音乐人，再然后就会成为一名优秀的大提琴家。"用这样的著名故事开头，会吸引对方为继续探究下面的内容，而更加感兴趣地谈下去。

确定了自己的思路之后应该认真构思腹稿。对于不知道的事情不要冒充内行；不要在公共场所谈论别人的缺陷；不要谈容易引起争论的话题；不要到处诉苦、发牢骚；不宜过长，切忌烦琐啰唆；也不要夸耀个人的成就，自卖自夸；更不要扮演心理分析家，对他人的言行评头论足。

顺手牵羊

在与人交谈中要善于临场“顺手牵羊”，拿来别人的东西加以利用。例如，有一次单位年终发言时，一位男士看到前面的发言者都说得很精彩，就说：“刚才××说到……我觉得他说得非常好，我也十分赞同。的确……还有一位女士也说……基本上他们已经把我所想要表达的东西都表达得很透彻了……”这样一来，对方会觉得你很真诚，而那些被你“顺手”牵的“羊”也会觉得受到了你的关注和肯定，而你的话又简洁明了，带有总结性，很深入人心。

选择话题需要注意的事项

说话就是要引起别人的兴趣，引起别人兴趣的话题是交谈的基础，如果你找对了，不但能创造一个融洽的氛围，还能使交谈深入心灵。因此，要想改变言辞乏味、索然无趣的现状，请记住下面几点要领。

满足对方的心理

在生活和工作中，不管是生理上还是心理上，都能产生各种各样的话题，谈话时根据对象应尽可能地从某一方面去满足对方的需要。

例如，美国女记者芭芭拉·华特在初遇美国航空业界巨头亚里士多德·欧纳西斯时，见他正与同行们热烈讨论着货运价格、航线、新的空运构想等问题，她没法插上一句话，更不能进行交谈了。但到了吃午饭的时间，芭芭拉灵机一动，在进餐时趁大家谈论业务的短暂间隙，抓住机会赶紧提问：“欧纳西斯先生，您在海运和空运方面，还有其他工业方面都取得了伟大的成就，这是令人震惊的。您是如何开始的？最初的职业又是什么？”话一出口就叩动了欧纳西斯的心弦，他随即同芭芭拉侃侃而谈，动情地回顾了自己的奋斗史。因为这一话题正好满足了对方的心理，激发了欧纳西斯的荣誉感、自豪感，这是其心理上的自尊需要。

从关心对方入手

关心与帮助是谁都需要的，抓住这一点就抓住了一个永远受欢迎的话题。

例如，有一位女记者，在鸡尾酒会上与伊丽莎白女王进行了简短的交谈，记者问：“昨天您是否在风雨中视察过铁矿？”听了这话，女王非常吃惊。于是这位记者就提醒女王，她的外衣染上了红褐色，女王忽然明白便开始谈论起来。这是因为女记者从关心女王的外衣开始，自然引起女王的好感，使这次交谈获得了成功。

应该注意的是，要同病人谈治病强身的事情，要同家长谈培养孩子的方法，要同青年人谈论理想，要同家庭主妇谈安排生活的诀窍，要同学生谈提高学习的效率……这些话题无一例外都是对方乐于接受的。

勿入禁区

精心选择话题，注意对方的需求是一个方面，还有就是要考虑到个人隐私、隐癖、生理缺陷等问题。毫无疑问，几乎每个人都有自己的禁区，不要不识深浅，误闯禁区，不然的话，轻则破坏谈话气氛，重则伤感情，甚至导致争吵或关系破裂。

再有就是要避开可能引起对方伤感或误解的敏感话题。每个人除了有若干“禁区”，还存在“敏感地带”，谈话中都应当小心避开。例如，不幸者忌谈他遭受不幸的往事，失恋者忌谈爱情与婚姻问题，残疾人的家属忌谈家中的那位残疾者，等等。比如，与医生交谈时，在他们工作以外的时间里，不宜过分或具体地谈论什么病、该怎么医治等话题。同要人交谈，往往忌谈政治、宗教和性的问题。“敏感话题”很难处理，一般要尽量避而不谈。

场合很重要

选择话题除了要看人之外，还要看场合。说话是在一定场合、情境之中进行的，话题应当同场合、情境相协调，不协调的话题不但大煞风景，而且还有可能损坏人际关系。比如，喜庆的场合，不能谈令人伤感或通常认为不吉利的话题。悲哀的场合，不能谈令人发笑的话题，也不宜谈婚恋喜庆等话题。其他如庄严、肃穆、诙谐、欢乐等各种不同的场合，交谈时都须选择各自适当的话题。

◆ 组织材料的基本原则

就算有话题可说，可是也有很多人语言组织能力较差，不知道从哪里开始，不知道怎样把心中的材料合理地组织起来，有条理地表达给对方。这就需要一种迅速组织材料的能力。那么如何在发言之前迅速组织材料呢？我们需要一个框架，有了框架，再填材料就显得容易许多。为了能够迅速地组织框架，我们需要知道“五个W”。

Why？（为什么？）

我们与人谈话首先要注意到，为什么会有这次交谈？谈了有没有效果？会不会产生反效果？如果会有反效果，那就别讲了。

When？（何时？）

话题要符合时间。该什么时候谈的话，只能那个时候说。情人节在另一半耳边说些甜言蜜语是好的，但如果在重阳节再说，那就显得肉麻。

Where?（何地——什么场合？）

在什么场合说什么话，也就等于说见人要说人话，见鬼要说鬼话。像婚礼、满月酒、升官、乔迁，当然就要说些吉祥的话，丧葬场合等就要说些安慰家属的话。

Who?（谁在讲话——此刻是用什么身份在谈话？）

比如，要多考虑今天我在台上讲话为什么会让大家信服。因为我年纪到了，知识经验也都丰富了。如果今天是个小学生在台上讲说话的技巧，大家会信服吗？就算讲得再好，也会在心中被大打折扣了，为什么？因为威望不足。所以发言者要认清自己是什么角色，是什么身份在对谁讲话。是对上司、对同事，还是对部属讲话？对同性还是对异性讲话？

Who?（谁听？）

在谈话之前要了解周遭的环境。今天是什么样的场合？与我谈话的是什么人？了解这些也是非常重要的。

根据这样的整体思路，再确定材料的运用。常用的组织材料的方法主要有以下几种。

因果关系

先说事情的起因，再说由此带来的结果；或者先说结果，再说其中的原因。比如，下面的开场白就很好。

那天，我听到××回来的消息，兴奋得不得了，赶紧放下电话就急匆匆地从单位出来，心想一定要回家换件漂亮的衣服再去。可是路上塞了半天的车，天气又热，我身上直冒汗。好不容易到家了，爬到了5层，一掏兜，居然发现钥匙忘在单位里了。想打电话解释一下，发现连手机也落在出租车上了！哎呀，真是倒霉死了！结果，那天的聚会，我灰头土脸，精神不振。

按事件发生的前后顺序

比如，我1995年考入了东北大学电子工程学院，1998年毕业后考上了哈尔滨工业大学的研究生，3年后成为一名电子信息工程师，从事科研工作。今年已经是我参加工作的第五个年头了，我一直觉得自己非常幸运能从事这样的工作。

总—分—总的顺序

金正昆教授在讲到礼仪的时候有这样的一段话。

我们有个别同志不太注意，上班、开会、等公共汽车时，没事就爱拿出小镜子打扮自己，当着别人的面去“当窗理云鬓，对镜贴花黄”。（总领全段）一个聪明的女士不要说不在大庭广众之下化妆，就是在男朋友或者在老公面前化妆也大可不必。距离产生美，你在他们面前无遮拦地收拾自己，你被他发现你漂亮起来的秘密，你的美也会大打折扣的。他心里会说“原来如此”，会影响你靓丽的形象。（证明观点）所以聪明女士不在别人面前换衣服、穿袜子、收拾自己……该见外还要见外，别忘了距离产生美啊！（再次总体强调）

层层递进的顺序

一位中国经济学家面对西方的“中国威胁论”这样说：

当年，西方那些不怀好意的预言家用“中国威胁论”来威胁中国，发出“谁来养活中国”的叫嚣；20年后，咱们勤劳智慧的中国人创造出奇迹，咱们生产的粮食不仅养活了13亿中国人，还绰绰有余，而且大量出口支援亚非拉缺粮国家，中国已经成为世界第三大粮食出口国！现在不是“谁来养活中国”的问题，而是“中国去养活谁”的事实！

这段话有理有据，层层递进，非常具有说服力。

想要使自己说起话来有条不紊，想让自己能在很短的时间里组织出语言，一定的技巧固然不可少，但是本质上还是要看你的知识储备。

巧妇难为无米之炊，腹中空洞，自然没什么可组织的了！你要掌握一定的话题，就需要一定的资讯和知识，在当今社会中掌握信息的渠道非常多，人人都可以不断吸收各种新资讯。如果你能善于在生活中积累材料，自然会大大开阔你的视野、增加你的知识面，再也不会“理屈词穷”了！

总之，见多识广，博学多才，才能让自己有深厚的底蕴，从而能够见什么人说什么话；再加以一定的技巧联系，就会让自己反应快半拍，迅速组织材料，说出精彩的言论来。

◆ 如何正确运用谈话材料

对于谈话的题材和资料，一方面要懂得去收集，另一方面还要懂得去运用。

懂得去运用，即使一句普通的话，也往往会收到惊人的效果。

以前有个教育家，为了实现自己的教育理念而想办一所学校，他发动自己的朋友去募捐，开始的时候，募捐是很困难的。他有一个朋友，正打算放弃这项工作，并且化用一句古诗“十叩柴扉九不开”来说明募捐困难的情形。

“十叩柴扉九不开”真是把募捐困难的情形形容得恰到好处。但是听了，让人多么心灰意冷啊！

可是这位教育家，把这同一句话，从另外的角度去运用它，就得到了完全相反的效果。

他说：“不错，我们现在的情形是‘十叩柴扉九不开’，可是这也就是说十叩柴扉有一扇是开的。那么，我们要敲开十扇门，只要努力一点，多敲几十个门就是了。”

于是他把“十叩柴扉九不开”这句话，改成“百叩柴扉十扇开”，用这话激励了他的朋友们，最终完成了募捐建校的任务。

这类例子，还有不少，这里再举两个。

有一个发明家想发明一件东西，他和他的助手们已经进行了1642次试验，可是都失败了。

他的助手说：“你看，试验了1642次，一点儿用也没有。”

这个发明家却说：“为什么没用呢？这使我们知道这1642个方法是不能成功的。若要成功必须在这1642个方法之外去找。”

还有一个更有趣味、更富于启示的例子——

古时候，一个音乐家得罪了皇帝，被关在监牢里，等待执行死刑，可是他还是每天拉他那心爱的小提琴。到了执行死刑的前一天，狱卒忍不住就问他：“明天你就死了，今天你还拉它干什么呢？”

那个音乐家说：“明天就要死了，今天我不拉，还能什么时候拉呢？”

这些例子都是我们可以运用的对话材料，它能刺激我们的旧观念，使它灵活起来。

当我们说话的时候，不能像背书一样，把记下的话像鹦鹉学舌一样地重述，而是要运用这话，来表示我们的看法和我们的态度，这样别人才不会觉得我们是书呆子。

你每日所遇见的各种可以作为谈话的题材和资料，绝不仅仅只是你与人谈话的题材和资料而已。它们代表每一个事实。你要清楚每一句话都正向你说明些什么，它们全都向你提供一些对人和对事的看法，都在影响你对人生的观点与态度。在你吸收它们的时候，你不是毫无主见地去吸收。而在你运用它们的时候，你也不是毫无目的地去运用。

在你吸收它的时候，你是需要用自己的观点和态度去衡量一番的。

你的耳朵听到一句话，你的心立刻对它做出了判断：喜欢它，或不喜欢它；同意它，或是不同意它。

同样，在你运用它们的时候，必然也带着你本人的看法。你使用它们只不过是进一步说明你对人对事的看法，提出佐证，证明你所坚持的道理，赞美你所认为美的人物，或是驳斥你所认为错误的理由，批评你认为错误的行为。

第六章　举止有修养，给人好印象

科学家指出，一个人要向外界传达完整的信息，单纯的语言成分占7%，声调占38%，另外的55%信息都需要由肢体语言来传达，而且因为肢体语言通常是一个人下意识的举动，所以，它很少具有欺骗性。

的确如此，当我们与某人第一次见面的时候，通常情况下，我们都会很快地对他做出一番评价。尽管我们做出的评价也许与实际情况有出入，但是通过此番评估，在心里，我们已经对他的友好程度、控制欲强弱以及成为自己伙伴的可能性大小有了初步的把握——在此过程中，对方的肢体语言留给我们的印象最深刻。

目前，大多数研究者都已经肯定了这样一个事实：话语的主要作用是传递信息，而肢体语言则通常被用来进行人与人之间思想的沟通和谈判。在某些情况下肢体语言甚至可以取代话语的位置，发挥传递信息的功效。

所以，如果你希望给别人好印象，就必须控制好自己的身体语言。在说话时，对自己的手势、姿态保持警觉，避免行为和言语出现矛盾，让别人产生不信任感甚至是敌意。

◆ 身边的那些肢体语言

一个漂亮少女在商场购物时，发现一位英俊潇洒的小伙子迎面走来。临近时，他们四目相视，少女面带微笑而略显羞涩地与小伙子擦肩而过，少女转过头，以确定小伙是否在注意她。肢体语言沟通这就发生了作用，于是，小伙停下来与少女交谈。在他们交谈之前他们没有说过一句话。显然，他们所进行的是肢体语言沟通。

据研究，高达93%的沟通是非语言的，其中55%是通过面部表情、形体姿态和手势传递的。

在肢体语言中，沟通双方相互作用的本质是十分明显的，没说一个字，你就能通过衣服的选择、面部表情、姿势或任何其他非语言信号来沟通。仅仅是路过这一种简单行为，你也在发出信号并从甚至不相识的过路者那里得到信号。你在想“多漂亮的大衣，不知道是在哪里买的”“她正在我们宿舍，真想多了解她”“他的个子真高，可能是一个运动员”。当别人看到你时，他们也可能同样在对你进行评价。

当你第一次听一位新教师上课时，或是第一次听领导做报告时，你对教师、领导所做出的判断是建立在非语言行为之上的。当他们把讲稿拿出来，给同学们说明这个课程的教学目的和任务时，或是今年工作任务时，你就会与你以前碰到的其他教师或者领导进行对比。你就可以得出对这位教师或是这位领导的基本评价，今后自己应该如何应付，应该怎么做。作为老师或领导也在不断评价你，通过姿势衣着来判断，回想他以前遇到与你相似的学生或员工，并且估计你是哪一种类型的学生或员工。

那么，肢体语言包括哪些呢？

形体动作

形体动作也称为形体语言。

（1）象征：象征是指存在着直接词语解释的形体动作。沿途搭车的旅客，伸手招呼是“请停车，我要搭车”的象征。伸开V形手势象征着胜利。上下点头是同意，左右摇头是不愿意。在我们的社会中，绝大多数人都知道这些象征的含义，并通过它们去传递一些特定的信息。象征在不同的文化间通常是不能通用的。如在乒乓球双打时，给对方伸出一个手指，这是只有他的搭档才能明白的象征。

（2）说明性动作：说明性动作可加重强调词语的含义。如果某人问你的衣箱有多大，你或许会用词语描述它并用手势去说明它的尺寸；如果某人给你指路时，他或许指向前面的路并在适当的地方做向左或向右的手势。说明性动作有助于使沟通更加准确。如果某人告诉你他钓了条大鱼，通过他用手比画，你就对这条鱼的大小有一个概念。虽说他可以告诉你鱼长多少厘米，但通过手的说明性动作，你知道得会更加准确。然而，不是所有的说明性动作都是手势。如老师在黑板上用下画线来说明这段内容是很重要的。

（3）情感表露：情感表露是通过面部和形体动作来展示情感的激烈程度。如果你走进教授办公室，教授说：“我可以看出你的心情不好”，他在对你表露出来的有关情感的非语言暗示做出反应。你可能用形体姿势表明：“我要和你对你的一些观点进行争论。”

（4）调整性动作：调整性动作控制流畅性，它包括点头、手势、变换姿势和其他表明开始和结束相互作用的形体动作。在非常简单的情形中，当老师指向下一个发言人时，他使用一种调整性动作。在更微妙的情形中，当你说话时，对方可能略微转开，这表明对方不喜欢听或不愿意继续交谈下去。

眼睛传达的信息

我们用眼睛能传递很多信息，虽然没感觉到眼睛的运动，但我们用眼睛传递范围广泛的信息，比如，对他人的兴趣、在课堂上的厌烦或在得到了想要的礼物时的兴奋。

一个人的眼神很重要，它可以传递各种不同的信息，年轻人想要做自己的事，仅从那种自信的目光中就可以看得出；还有那种恋爱中的人的眼神充满着火辣辣的光芒；有些眼神则表现得咄咄逼人。

吸引力

一些研究调查表明，有吸引力的人与没有吸引力的人相比，前者从他人那里得到的反应更积极、更亲近。研究者发现，有吸引力的女性约会多，更容易说服男性。在生活中多数人认为，有吸引力的男人或女人和其他人比较起来表现得更为敏捷、善良、强健、好交际和有趣。在工作中，有吸引力的人在多方面受益，包括可以获得较高的起始薪水等。

服装

服装会使人们对其主人产生非常强烈和直观的印象，所以，它对非语言沟通的作用是极其重大的。服装反映出一种信息，并且通过选择特定的服装，着装者表明自己与服装所反映出该人的地位、归属、遵循的规范和信奉的内容做出反应。例如，我们在街上见到一个男士身着整齐的西装，油光的皮鞋，可以断定他是一位职业男性。如看到穿着统一的学生服，就可以断定是一群学生在上学。佛家、道家由于着装不同，一眼就可以看出他们信奉什么。

◆ 哪些肢体语言会让人不快

不得体的肢体语言，如同不得体的有声语言一样，让别人感到不快，甚至愤怒。然而，相对来说，话说错了我们容易发觉，肢体的“话”错了，要发现却很难。明明你是好心跟对方谈一个什么事情，但对方就是不领情，和你对着干。是话说错了吗？还是表达方式不对？一般人都会朝这些方面想，但真实原因还有可能是你的肢体语言让对方感到了不快，对方不愿说出来，就以这种“顶牛”的方式以示抗议。

肢体语言就像人身上不雅的化妆，自己很难发现。即使是对着镜子，你也不一定会发现是哪里不得体——你还以为那样子会很酷、很帅、很优雅……

下面，我们将指出肢体语言使用中的几种不雅方式。

（1）逃避眼神接触。在一对一的谈话中，你是盯着一旁、脚下或前面的桌子吗？你从未看过聊天对象肩膀以上的部位吗？在人多的场合演讲，你的目光是否总是盯着演讲稿？

如果你回答“是”，那么说明你缺乏自信心。而一个不自信的人，怎么能让其他人来相信？

眼睛是心灵的窗户，在和人交流时，很多信息是通过眼神来交流的。互相不“对眼”，怎么会让沟通有效果呢？再说，一个眼神躲闪的人，还容易被人误会：是不是心里有鬼？是不是不尊重我？

与陌生人初次交谈，视线落在对方的鼻部是最令人舒服的，直接注视对方眼睛的时间反而不宜过久，因为长时间凝视对方会令人不自在。当然，如果完全不注视对方的眼睛，会被认为是自高自大、傲慢无礼的表现，或者试图去掩饰什么。所以，学会察言观色是非常重要的。当你盯着对方双眼看时，发现对方在谈话时目光从专注变得游移，这就说明对方可能因为你的注视而觉得不太自在了，这时不如就将视线移到对方的鼻部或者嘴部。

（2）双臂交叉抱胸。早在远古时代，双臂紧紧交叉抱于胸前，这个动作有保护自己、防备危险的意思。现在，交谈习惯于保持这个动作的，在我们身边也比较常见。双臂交叉抱胸，对于本人来说也许很惬意，不过传递给对方的是轻佻、冷漠、防备、拒绝等负面信息。当然，这种动作一般是发生在正式的交谈中。比如，街边偶遇友人的谈话，或靠在沙发上的闲聊。前面说过，我们绝大部分的话都是用在闲聊，闲聊不但同样需要高超的口才，而且还是一个最佳的“练兵”时机。你在无数的闲聊中，提高了自己的口才，养成了良好的习惯，这样才有“用兵一时”时的胜算。

（3）多动。频繁打电话，发短信，把玩手中的小物件，坐立不安，摇摆或晃动。这些动作虽小，但给人的厌恶程度不小。你不妨和别人做一个换位思考，你愿意在与别人谈话时对方这样子做吗？在必须打接电话时，你应该向对方道歉，请求暂停。电话要长话短说，打完后最好再次致歉。至于重要的场合，关掉手机是一种礼仪。坐立不安，摇摆或晃动之类的小动作，有失一个人的庄重，也暗示别人自己觉得很无聊。

（4）把手放在口袋中。把手拘谨地放在身体两侧或塞在口袋里给人的印象是——你提不起兴趣，不想参与。不论你到底是或不是，解决它的办法很简单：从口袋里拿出你的手，做些有决心的、果断的手势。

◆ 礼貌是一封通向四方的推荐信

英国女王伊丽莎白曾说过：“礼貌和礼节是一封通向四方的推荐信。”

打动人心的是细节，而细节就体现在你的一举手一投足中，良好的礼仪修养，不仅是对别人的尊重，也是对自己的尊重。是的，一个人要想成功社交，其中重要的一课就是要学会社交礼仪。礼仪是一种典章、制度，包括人的仪表、仪态、礼节等，能规范人的行为、举止，调整人与人之间的关系。

原壤是孔子的老朋友，为人不拘小节，有一天跷着二郎腿坐在孔子要经过的路旁，以示蔑视孔子所提倡的礼。

孔子经过的时候对他说：“你小的时候不懂得尊敬兄长，长大后又没有什么值得称赞的事，真是败坏礼俗的害群之马呀！”说着，就用手杖去打他的腿，以警示他的恶习。

礼貌在任何时候都有用，特别是通过一些小事情它更能体现一个人的品质。

美国耶鲁大学有一批应届毕业生共22个人，实习时被导师带到华盛顿的某军事实验室里参观。

全体学生坐在会议室里等待该实验室主任胡里奥的到来，这时有秘书给大家倒水，同学们表情木然地看着她忙活，其中一个还问了问：“有黑咖啡吗？天太热了。”秘书回答说：“抱歉，刚刚用完了。”有一个名叫比尔的学生看着有点别扭，心里嘀咕：“人家给你倒水还挑三拣四的。”轮到他时，他轻声说：“谢谢，天气这么热，辛苦了。”秘书抬头看了他一眼，满含着惊奇，虽然这是很普通的客气话，却是她今天听到的第一句。

然而，随后却发生了一件很尴尬的事。当胡里奥主任推开门走进来和大家打招呼时，不知怎么回事，静悄悄的，没有一个人回应。比尔左右看了看，犹犹豫豫地鼓了几下掌，同学们这才稀稀落落地跟着拍手，由于不齐，越发显得零乱。胡里奥主任挥了挥手："欢迎同学们到这里来参观。平时这些事一般都是由办公室负责接待，因为我和你们的导师是老同学，非常要好，所以这次我亲自来给大家讲一些有关的情况。我看同学们好像都没有带笔记本，这样吧，秘书，请你去拿一些我们实验室印的纪念手册，送给同学们做纪念。"

接下来，更尴尬的事情发生了，大家都坐在那里，很随意地用一只手接过胡里奥主任双手递过来的手册。胡里奥主任脸色越来越难看，走到比尔面前时，已经快要没有耐心了。就在这时，比尔礼貌地站起来双手握住手册，恭敬地说了一声："谢谢您！"胡里奥听到这句话，不觉眼前一亮，他伸手拍了拍比尔肩膀，说："你叫什么名字？"比尔照实作答，胡里奥微笑着点头回到自己的座位上。

两个月后，在毕业去向表上，比尔的去向栏里赫然写着该军事实验室的名字。有几个颇感不满的同学找到导师："比尔的学习成绩最多算中等，凭什么选他而没选我们？"

导师看了看这几张尚显稚嫩的脸，笑道："是人家点名来要的。其实你们的机会是完全一样的，你们的成绩甚至比比尔还要好，但是除了学习之外，你们需要学的东西太多了，修养是第一课。"

能力是无形的，需要时间去验证，但礼貌却是有形的，让人一眼就能看到。在生活中，一个举止得体、待人有礼的人一定会赢得成功的机会。相反，一个自以为很了不起，不懂得礼貌与尊重的人，一定会失去成功的机遇。

一位很有名的剧院经理来拜访大仲马。

一见面，只见他连帽子也没摘下，就火冒三丈地问这位剧作家："尊敬的大仲马先生，您为什么要把最新的剧本卖给一家小剧院的经理呢？难道我们剧院的名字还不够大吗？"

大仲马微笑着说："是的，你们的剧场是够大。"

这位经理傲慢地说："那难道他出的价钱比我们的高？这样吧，我出比那个小剧院经理高一倍的价钱，您把剧本要回来卖给我们吧！"

大仲马笑了笑说："不，他其实只用一个很简单的方法，就以很低的价格把剧本买走了。"

"那是什么办法呢？"剧院经理非常好奇。

"因为他以与我交往为荣，并且一见面就摘下帽子。"

那位剧院经理一听，面红耳赤！

生活在社会这个大家庭中，每个人每天都要和各种各样的人打交道，无论是在家庭、学校，还是在社会中，一个人展示给他人的首先是其文明礼貌方面的素养。所以，要想建立起良好的人际关系，就应该先学会礼貌待人。

◆ 握手蕴藏着复杂的礼仪细节

握手之礼起源于中世纪的欧洲。而当时恰是身着戎装的骑士侠客盛行的时代，一个个头顶铜盔，身披铠甲，腰挂利剑，就连一双手也罩上了铁套，这身豪气，让人敬而远之。可见了亲朋好友，他们都会摘去铜盔，脱下铁套，与之握手，同时表示我的右手不是用来握剑杀你的，这正是握手之起源。现代人自不至于还浑身散发出那样的杀气，然握手之风气已成，哪管它原意是作甚，相见或告别时握彼之手，轻轻摇动，你如此，我如此，礼遂成。

我们千万不能小看握手礼，正是这简单的一握，蕴藏着丰富的信息，简单的一握，蕴藏着复杂的礼仪细节。

握手的力量、姿势与时间的长短，往往能够表达出不同礼遇与态度，显露自己的个性，给人留下不同的印象。通过握手我们也可了解对方的个性，从而赢得交际的主动。美国著名盲聋女作家海伦·凯勒曾写道：手能拒人千里之外，也可充满阳光，让你感到很温暖。事实也确实如此，因为握手是一种语言，是一种无声的动作语言。

通常与人初次见面、熟人久别重逢、告辞或送行均以握手表示自己的善意，因为这是最常见的一种见面礼、告别礼。有时在一些特殊场合，如向人表示祝贺、感谢或慰问时、双方交谈中出现了令人满意的共同点时，或双方原先的矛盾出现了某种良好的转机或彻底和解时，习惯上也以握手为礼。

在一般情况下，主人、长辈、上司、女士主动伸出手，客人、晚辈、下属、男士再相迎握手。

长辈与晚辈之间，长辈伸手后，晚辈才能伸手相握；上下级之间，上级伸手后，下级才能接握；主人与客人之间，主人宜主动伸手；男女之间，女方伸出手后，男方才能伸手相握。如果男性年长，是女性的父辈年龄，在一般的社交场合中仍以女性先伸手为主，除非男性已是祖辈年龄，或女性未成年在20岁以下，则男性的长者先伸手是适宜的。但无论什么人，如果忽略了握手礼的先后次序而已经伸出了手，对方都不应迟疑地回握。

握手时应伸出右手，不能伸出左手与人相握。如果你是左撇子，握手时也一定要用右手。当然如果你右手受伤了，那就不妨声明一下。

戴着手套握手是失礼行为，一般情况下，男士在握手前先脱下手套，摘下帽子，女士可以例外。当然在严寒的室外有时可以不脱，比如双方都戴着手套、帽子，这时一般也应先说声“对不起”。握手者双目注视对方，微笑，问候，致意，不要看第三者或显得心不在焉。

在人际交往中，当介绍人完成介绍任务之后，被介绍的双方第一个动作就是相互握手致意。握手的时候，眼睛一定要注视对方的眼睛，传达出你的诚意和自信，千万不要一边握手一边东张西望，或者跟这个人握手还没完，就将目光移至下一个人身上，这样别人从你眼神里读到的将是轻视或慌乱。那么是不是注视的时间越长越好呢？并非如此，握手只需几秒钟即可，双方手一松开，目光即可转移。

握手的力度要掌握好，握得太轻了，对方会觉得你在敷衍他；太重了，人家不但没感到你的热情，反而会觉得你是个大老粗。女士尤其不要把手扭扭捏捏地递过去，又飞快地收回来，显得不甘心、不情愿的样子，既然伸出了手，就应大大方方地握。

如果要表示自己的真诚和热烈，也可较长时间握手，并上下摇晃几下。在一般交往中，不要用双手抓住对方的手上下摇动，那样显得太恭谦，使自己的地位无形中降低了，完全失去了一个人的风度。

被介绍之后，最好不要立即主动伸手。年轻者、职务低者被介绍给年长者、职务高者时，应根据年长者、职务高者的反应行事，即当年长者、职务高者用点头致意代替握手时，年轻者、职务低者也应随之点头致意。

多人相见时，注意不要交叉握手，也就是当两人握手时，第三者不要把胳膊从上面架过去，急着和另外的人握手。

在任何情况下，拒绝对方主动要求握手的举动都是无礼的，但手上有水或不干净时应谢绝握手，同时必须解释清楚并致歉。

◆ 常用的手势表达方法

方纪在报告文学《挥手之间》，记录了毛泽东在1945年去重庆参加国共谈判的一个历史剪影。他在文中这样记录了毛泽东上飞机前的一些动作：

“这时，他眼睛里露出一种亲切的、坚定的微笑，向人们点了点头。”

“主席伸出他那宽大的手掌，和大家一一握手道别。主席的脸色是严肃的，从容的，眼睛里充满了无限的关切和鼓舞之情。然后，又停下来，望着所有送行的人，举起右手，用力一挥，便朝停在前面的飞机一直走去。”

“……主席一步一步走近了飞机，一步一步踏上了飞机的梯子。”

“……直到他在飞机舱口停住，回转身来，又向着送行的人群。”

“主席站在飞机舱口，取下头上的帽子，注视着送行的人们，像是安慰，像是鼓励。”

“主席也举起手来，举起他那顶深灰色的盔式帽；但是举得很慢很慢，像是在举起一件十分沉重的东西。一点一点地，一点一点地，举起来，举起来；等到举过了头顶，忽然用力一挥，便停止在空中，一动不动了。”

通过方纪的《挥手之间》，我们可以看出毛泽东在历史紧要关头时的坚毅与从容。尽管他并没有说话，但从脸色、眼神、微笑、转身、注视，特别是最后一次挥手的手势，将他的内心语言传递得清晰有力。

手势是肢体语言中运用最广泛的一种。如果我们留心名人们的说话或演讲，就会发现在他们身上有一个共同的特点：说话或演讲过程中总是伴随着丰富而多彩的手势。千万别小看这些动作，它对增加说话的精彩和力度发挥有着无法替代的作用。手势是声音语言很有力的补充甚至替代。因此，手势既可以引起听众注意，又可以把思想、意念和情感表达得更充分、更生动、更形象，从而给听众留下更深刻、更鲜明的印象和记忆。

然而，在很多场合，我们还是会看到一些人对于手势的忽略。例如，有的演讲者，从一上台到结束两手始终下垂于裤线，一直保持着立正的姿势；有的演讲者像害羞的小姑娘，总是捏掰着自己的小手指；还有的演讲者，好不容易伸出手来，可是感觉很别扭。而在一般的闲聊中，我们也能看到类似的情形。这一点，应该引起有志于提高自己口才的人的注意。

当然，手势在说话或演讲中，没有什么固定模式来遵循，完全是由演讲者的性格和演讲的内容以及演讲者当时的情绪支配的，要做到因人而异，随境而变。

下面介绍交往中一些常用的手势表达方法。

（1）食指式。食指伸出，其余四指弯曲并拢，这一手势在演讲中被大量采用，用来指称人物、事物、方向，或者表示观点甚至表示肯定。胳膊向上伸直，食指指向空中则表示强调，也可以表示数字“一”“十”“百”“千”“万”。手指不要太直了，因为面对听众手指太直，针对性太强。弯曲或钩形表示九、九十、九百……齐肩画线表示直线，在空中画弧线表示弧形。

（2）拇指式。竖起大拇指，其余四指弯曲，表示强大、肯定、赞美、第一等意。

（3）小指式。竖起小指，其余四指弯曲合拢，表示精细、微不足道或蔑视对方。这一手势演讲中用得不多。

（4）食指、中指并用式。食指、中指伸直分开，其余三指弯曲。这一手势在一些欧美国家及非洲国家表示胜利的含义，由英国首相丘吉尔在演讲中大量推广。也表示二、二十、二百……之意。

（5）中指、无名指、小指三指并用式。表示三、三十、三百……

（6）食指、中指、无名指、小指四指并用式。表示四、四十、四百……

（7）五指并用式。如果是五指并伸且分开，表示五、五十、五百……指尖并拢并向上，掌心向外推出，表示“向前”“希望”等含义，显示出坚定与力量，又叫手推式。

（8）拇指、小指并用式。拇指与小指同时伸出，其余三指并拢弯曲，表示六、六十、六百……

（9）拇指、食指、中指并用式。三指相捏向前表示“这”“这些”，用力一点表示强调，也表示数字七、七十、七百……

（10）拇指、食指并用式。并拢表示肯定、赞赏之意；二者弯曲靠拢但未接触，则表示“微小”“精细”之意；分开伸出，其余三指弯曲表示八、八十、八百……

（11）“O”形手势。又叫圆形手势，曾风行欧美。表示“好”“行”的意思，也表示“零”。

（12）仰手式。掌心向上，拇指自然张开，其余弯曲，表示包容量很大。手部抬高表示“赞美”“欢欣”“希望”之意；平放是“乞求”“请施舍”之意；手部放低表示无可奈何，很坦诚。

（13）俯手式。掌心向下，其余弯曲。表示审慎提醒，抑制听众情绪，进而达到控场的目的，同时表示反对、否定之意；有时表示安慰、许可之意；有时又用以指示方向。

（14）手切式。手剪式的一种变式。五指并拢，手掌挺直，像一把斧子用力劈下，表示果断、坚决、排除之意。

（15）手啄式。五指并拢呈簸箕形，指尖向前。表示“提醒注意”之意，有很强的针对性、指向性，并带有一定的挑衅性。

（16）手包式。五指相夹相触，指尖向上，就像一个收紧了开口的钱包，用于强调主题和重点，也表示探讨之意。

（17）手剪式。五指并拢，手掌挺直，掌心向下，左右两手同时运用，随着有声语言左右分开，表示强烈拒绝。

（18）手抓式。五指稍弯、分开、开口向上。这种手势主要用来吸引听众，控制现场的气氛。

（19）手压式。手臂自然伸直，掌心向下，手掌一下一下向下压去。当听众情绪激动时，可用这手势平息。

（20）手推式。见“五指并用式”。

（21）抚身式。五指自然并拢，抚摸自己身体的某一部分。抚胸表示沉思、谦逊、反躬自问，抚头表示懊恼、回忆等。

（22）挥手式。手举过头挥动，表示兴奋、致意；双手同时挥动表示热情致意。

（23）掌分式。双手自然撑掌，用力分开。掌心向上表示“开展”“行动起来”等意，向下表示“排除”“取缔”等；平行伸开还表示“面积”“平面”之意。

（24）举拳式。单手或双手握拳，平举胸前，表示示威、报复；高举过肩或挥动或直锤或斜击，表示愤怒、呐喊等。这种手势有较大的排他性，演讲中不宜多用。

（25）拳击式。双手握拳在胸前做撞击动作，表示事物间的矛盾冲突。

（26）搓手式。双手摩擦，意味做好准备，期待取胜；速度慢表示猜疑；在冬天则表示取暖；拇指与食指或其他指尖摩擦，通常暗示对金钱的希望。

（27）颤手式。单手或双手颤动，必须与其他手势配合才表示一个明确的含义。

（28）拍肩式。用手指拍肩击膀，表示担负工作，责任和使命的意思。

（29）拍头式。用手掌拍头，表示猛醒、省悟、恍然大悟等意。

（30）捶胸式。用拳捶胸，辅之以跺脚、顿足，表示愤恨、哀戚、伤悲等。但在演讲中不太多用。

总之，急剧而有力的手势，可以帮助演讲者升华感情；稳妥而含蓄的手势，可以帮助说话者表明心迹。手势贵在自然，切忌做作；贵在协调，切忌脱节；贵在精简，切忌泛滥；贵在变化，切忌死板；贵在通盘考虑，切忌前紧后松或前松后紧。

◆ 学会运用自己的脸部表情

与人交谈时的脸部表情无论好坏都会带给对方极其深刻的印象。紧张、疲劳、喜悦、焦虑等情绪无不清楚地表露在脸上，这是很难由本人的意志来加以控制的。交谈的内容即使再精彩，如果表情缺乏自信，显得畏畏缩缩，双方的沟通就很难再进一步下去。

脸部表情和手势、目光一样，都是最能传情达意的。它是人的内在思想感情在外貌上的显示。罗曼·罗兰曾经说：“面部表情是很多世纪培养形成的语言，比嘴里讲的更复杂千百倍。”因此，那些口才高手都能充分地利用面部表情，去表达出丰富的思想感情，从而吸引对方的注意力。

我们都知道罗斯福总统能言善辩，每一次，他在演讲时，全身好像一架表现感情的机器，满脸都是动人的感情。这样使他的演讲更有力，更勇敢，更活跃。当代著名演讲家、演讲理论家邵守义演讲时脸部表情丰富多彩，丰富的表情后面表现着复杂的思想情韵。

有些人不善于运用自己的面部表情，不管内容如何转折变化，不管感情如何波澜起伏，始终都是一种表情，仿佛面部表情同思想感情的变化毫无关系。这不仅会给对方一种呆滞、麻木的感觉，而且有损于思想感情的表达。

要丰富脸部表情，就要多掌握一些脸部表情。

（1）突出下巴表示攻击性行为。

（2）缩紧下巴表示畏惧和驯服。

（3）抚弄下巴表示掩饰不安或胸有成竹。

（4）伤心时嘴角下撇，欢快时嘴角后拉，委屈时噘起嘴巴，惊讶时张口结舌，仇恨时咬牙切齿，忍耐时咬住下唇。

（5）下巴上抬，把鼻子挺出，是傲慢、自大、倔强的表现。

（6）用手摸鼻子，是怀疑对方。

（7）用手摸耳垂表示自我陶醉。

知道了这么多表情，你到底该如何运用呢？建议如下。

（1）如何表示愉快：嘴角后拉，面颊上提，眉毛平展，眼睛平眯，瞳孔放大。正是“眉毛胡子笑成一堆”。

（2）如何表示不愉快：嘴角下垂，面颊下拉，眉毛紧锁，面孔显长。正是“拉得像个马脸”。

（3）如何表示有兴趣、快乐、高兴、幸福、兴奋：眉毛上挑，嘴角向上，鼻孔开合程序正常，口张开，瞳孔放大。有时伴有笑声、流泪或拍打身体等动作。

（4）如何表示蔑视、嘲笑：视角斜下，眉毛平或蹙，抬面颊。

（5）如何表示痛苦、哭泣：皱眉、眯眼、皱鼻、张廾嘴、嘴角下拉，配合有声传递。演讲中此种表情不能过度。

（6）如何表示发怒、生气：眼睁大，眉毛倒竖，嘴角拉开，紧咬牙关。此种表情最富攻击性，演讲中切忌过头。

（7）如何表示惊愕、恐惧：眉毛高扬，眼睛与口张开，倒吸凉气。

◆ 微笑是最有效的沟通工具

世界上有一种很美丽的语言，它不需要你夸夸其谈，更不需要你画蛇添足去粉饰，但它却能传递世间最珍贵奇妙的感情。那就是微笑。卡耐基说："微笑，它不花费什么，却创造了许多的成果。它丰富了那些接受的人，而又不使给予的人变得贫瘠。它产生在一刹那间，却给人留下永久的记忆。"微笑是一种宽容、一种接纳，它缩短了彼此的距离，使人与人之间心心相通，化解令人尴尬的僵局，是沟通彼此心灵的渠道，使人产生一种安全感、亲切感、愉快感。

微笑跟贫富、地位、处境没有必然的联系。一个富翁可能整天忧心忡忡，而一个穷人可能心情舒畅；一个处境顺利的人可能会愁眉不展，一个身处逆境的人可能会面带微笑。一个人的情绪受环境的影响，这是很正常的，但你经常苦着脸，一副苦大仇深的样子，对处境并不会有任何的改变，相反，如果微笑着去生活，那就会增加亲和力，别人更乐于跟你交往，你得到的机会也会更多。人生大部分时候都在等待，在等待开往下一站的巴士，在等待属于自己的天空，而在等待机会中，何不微笑一下，也许，下一站就会更精彩。

微笑招人喜爱，且富有魅力。英国诗人雪莱说：“微笑，实在是仁爱的象征，快乐的源泉，亲近别人的媒介。有了笑，人类的感情就沟通了。”确实，微笑是沟通彼此心灵的渠道。当你向别人微笑时，实际上就是以巧妙、含蓄的方式告诉他，你喜欢他，你尊重他，这样，你也就容易博得别人的尊重和喜爱，赢得别人的信任。生活中多一些微笑，也就多了一些安详、融洽、和谐与快乐。

面露平和欢愉的微笑，证明你心情愉悦，热爱生活，你的微笑向大家展示了你积极、健康、乐观的魅力。面带自信的微笑，以不屈不挠、勇往直前的姿态与人交往，你会被他人欣然接受，同时收获朋友的信任和赞许；面带真诚友善的微笑，用内心的善良和友好，让对方感受到你待人诚恳、平易近人。在平凡的工作岗位上保持你灿烂的微笑，创造一种和谐融洽的气氛，让你的服务在微笑的海洋里荡漾，为自己创造一份轻松的心情，为朋友送上一份真挚的祝福。

蒙娜丽莎是一幅举世闻名的名画中的主人公，全世界无数人为蒙娜丽莎而迷醉。是蒙娜丽莎具有惊艳之美貌吗？不是，蒙娜丽莎姿色一般，最令人痴狂的是她的微笑与眼神。蒙娜丽莎淡淡的微笑，和她似喜非喜、似忧非忧的眼神，流露出来的是人类普遍追求的亲切感，让人感到百看不厌。

蒙娜丽莎毕竟只是一幅画。她永远不会开口，谁也不能知道她会说些啥。然而，她的微笑，她的眼神和表情却一直在不停地“说话”。

毫不夸张地说，微笑是一种国际语言，不用翻译，就能打动人们的心弦。微笑是盛开在人们脸上的一朵美丽的花，时时刻刻散发着迷人的芬芳。真正的微笑应发自内心，渗透着自己的情感，表里如一。毫无包装或矫饰的微笑才有感染力。

西班牙内战时，哈诺·麦卡锡参加了国际纵队，到西班牙参战。在一次激烈的战斗中，他不幸被俘，被投进了单间监牢。审讯他的人轻蔑的眼神和恶劣的态度，使他感到自己像是一只将被宰杀的羔羊。他从狱卒口中得知，自己第二天即将被处死。他的精神立刻垮了下来，恐惧占据了他全部身心。他双手不停地颤抖着伸向上衣口袋，想极力摸出一支香烟来掩饰自己的这种心神不定。这个衣袋被搜查过，竟然还留下一支皱皱巴巴的香烟。因为手抖不止，他试了几次才把它送到几乎没有知觉的嘴上。接着，他又去摸火柴，但是没有，被搜走了。透过牢房的铁窗，借着昏暗的光线，他看见了一个士兵。对方没有看见他。当然，也用不着看他。他当时无望地想自己不过是一件无足轻重的破东西，而且马上就会成为一具让人恶心的尸体。但他顾不得狱卒会怎么想他了，于是，他用平静的、沙哑的声音一字一顿地对他说："对不起，有火柴吗？"对方慢慢扭过头来，用冷冰冰的、不屑一顾的眼神扫了他一眼，深吸了一口气，慢吞吞地踱了过来。对方脸上毫无表情，但还是掏出火柴划着火送到了麦卡锡嘴边。

那一刻，在黑暗的牢房中，在那微弱又明亮的火柴光下，狱卒的目光和麦卡锡的目光撞到了一起。麦卡锡不由自主地咧开了嘴，对他微笑了一下。连他自己也不知道为什么会对狱卒微笑，也许是因为两个人离得太近了，一般在如此面对面的情景中，人不大可能不微笑。不管怎么说，他毕竟对狱卒笑了。他知道对方一定不会有什么反应的，他一定不会对一个敌人微笑的。但是，如同在两个冰冷的心间，在两个灵魂间撞出了火花，麦卡锡的微笑对他产生了影响。在愣了几秒钟后，狱卒的嘴角开始不大自然地往上翘。点着烟后，狱卒并未走开，直直地注视着麦卡锡的眼睛，脸上露出了自然的微笑。而麦卡锡也一直保持着这种难得的微笑，此时他意识到对方不是一个士兵、一个敌人，而是一个人。

这时，对方也好像完全醒悟一样，从另一个角度来审视麦卡锡，他的眼中流露出人性的光彩，探过头来轻声问：“您有孩子吗？”“有，有，在这儿呢！”说着麦卡锡用颤抖的双手从衣袋里掏出皮夹，拿出他与妻子、孩子的合影给对方看，这时对方也赶紧掏出他和家人的照片给麦卡锡看，并说：“出来当兵一年多了，想孩子想得要命，要再熬几个月，才能回一趟家。”麦卡锡听着，泪水不住地往外涌，他对狱卒说：“您的命可真好，愿上帝保佑您平安回家，可我再也不能见到我的家人，再也不能亲吻我的孩子了……”他边说边用脏兮兮的衣袖擦眼泪、鼻涕。狱卒的眼中充满了同情的泪水。忽然，他的眼睛亮起来，把食指贴在嘴唇上，示意麦卡锡不要出声。他机警地、轻轻地在过道上巡视了一圈，又踮着脚尖跑过来。他掏出钥匙打开了麦卡锡的牢门。此时，麦卡锡的心情万分紧张，紧紧地跟着狱卒贴着墙走，一直走出监狱的后门，又走出了城。之后，狱卒一句话也没说，转身往回去了。

麦卡锡的生命就这样被一个微笑挽救了！

自然，不会展示微笑的人，身上好像在传送一条信息：“烦着呢！别靠近我”。这样有谁愿意同他接近呢？

史汀生是美国一家小有名气的公司的总裁，他还很年轻，几乎具备成功男人应该具有的所有优点。与他深交的人都因此感到自豪。但初次见到他的人却对他少有好感，这令人大为吃惊，为什么呢？因为他没有笑容。他深沉严峻，紧闭嘴唇和紧咬牙关。公司的女员工见了他畏如虎豹；男员工对他的支持与认同也不是很多。而事实上他缺少一样东西，一样足以致命的东西：一副动人的微笑面孔。

作为非语言的沟通工具，微笑的沟通效率有时甚至比说话还好使，还管用。当你微笑着听某人在说话时，突然听到了你所不愿意听到的话，你并不想继续听下去，这时你可以立即让微笑中断，以此来传递你的信息：对于这个话题，我不感兴趣，不愿意深谈。很多语言大师认为，当他人有事托你办，而你想拒绝却不想直接开口时，只需要让微笑中断就基本能让对方知难而退。

有点遗憾的是，在现实生活中，大多数人很注意自己的外在形象。出门时要对着镜子特意打扮一番，看衣服是否合身、领带是否平整、头发是否有型、化妆是否恰到好处，唯恐粗俗的衣着和不雅的妆饰影响自己的形象，却往往忽略了脸上是否带着微笑。

也许很多人并不知道，5月8日是“世界微笑日”。这并不重要，重要的是，每天出门前，你都要记住带上你的微笑。

第七章　学会倾听，去伪存真

在人际交往中，倾听与倾诉哪个环节更重要呢？有人说，只有倾诉才能更好地沟通、交流，其实不然，比倾诉更让人倾心的是倾听。

认真倾听别人的倾诉体现了一个人谦逊的教养，展现了一个人高尚的素质。而任意打断别人的谈吐则表现出对别人的不尊重，也暴露出自己素养的粗野与低下。

其实，倾听有很多好处。倾听就像海绵一样，吸取别人的经验与教训，使你在人生道路上少走弯路，能顺利地到达理想目的地。秦王认真倾听了商鞅的变法主张，秦国很快成为七国之首的富强国家，为统一六国奠定了基础；刘备三顾茅庐，认真地倾听青年才俊诸葛亮的三分天下论，眼前顿时拨云见日，确立了清晰的奋斗目标，最终成就一方霸业……

总之，学会倾听是你人生的必修课，学会倾听你才能去伪存真，学会倾听你能给人留下虚怀若谷的印象，学会倾听有益于将知识盛满你的智慧储藏室。“听君一席话，胜读十年书”是对智慧的谈吐者与虚心倾听者的高度赞誉。朋友，你学会倾听了吗？

◆ 倾听是增进人际关系的润滑油

如何与人真诚沟通、交流？很多人认为，交谈是最好的办法。其实不然，比倾诉更让人倾心的是倾听。多倾听对方的心声，你会发现，原来，倾听才是增进人际关系的润滑油。

倾听是一项技巧，是一种修养，更是一门学问。懂得倾听，有时比会说更重要。倾听具有一种神奇的力量，它可以让人获得智慧和尊重，赢得真情和信任。

有句谚语："用10秒钟的时间讲，用10分钟的时间听。"善于倾听，是说话成功的一个要诀。据美国俄亥俄州立大学一些学者的研究，成年人在一天当中，有7%的时间用于交流思想，而在这7%的时间里，有30%用于讲，高达45%的时间用于听。这说明，听在人们的交往中居于非常重要的地位。

在我们的周围，很多人一心只想表现自己，喜欢高谈阔论、夸夸其谈，却不能耐心倾听别人的意见与想法。诚然，他们是能说会道的人，却不是最招人喜欢的人，因为他们不懂得倾听比倾诉更重要。

其实，倾听饱含着很多意义：倾听证明你在乎、尊重别人；倾听证明你不是孤独的；倾听是一种心灵的沟通，只有认真地倾听，才能更好地倾诉；倾听和倾诉是相辅相成、互相依赖的；倾听是倾诉的目标和方向，没有倾听的倾诉就是无源之水。

在人与人的交往中，倾诉是表达自己，倾听是了解别人，达到心灵共鸣。在人与人的沟通中，除了倾诉，我们还应该学会倾听。当一个人高兴的时候，我们要学会倾听，倾听快乐的理由，分享快乐的心情。当一个人悲伤的时候，我们要学会倾听，倾听痛苦的缘由，失意的原因，理解倾诉者内心的苦处，表示出怜悯同情之心，淡化悲伤，化解痛苦。当一个人处于工作矛盾、家庭矛盾和邻里矛盾时，倾听矛盾的症结，帮助分析，为其分忧解难……倾听是一种与人为善、心平气和、虚怀若谷的姿态。有了这份姿态，就会多听一些意见，少出几句怨言。

愿意倾听别人，就等于表示自己愿意接纳别人，承认和重视别人。如果你能面带微笑，用一种专注而又迫切的眼光看着他，那会让人感觉你是欣赏他的。在这种氛围里，对方会充分地展现自己。如果你是一个领导，下属向你提建议，即使开始还有点紧张，但你的倾听会使他马上感到放松和自信。所以，学会倾听，对领导来讲，也是个重要的领导思想和领导方法。县委书记的好榜样焦裕禄，新时期领导干部的楷模郑培民，人们念念不忘他们。为什么？并不是因为他们有翻江倒海的本领，也不是因为他们有经天纬地的才华，而首先在于他们心里装着人民，善于倾听群众的呼声，为人民群众排忧解难。

倾听，在人们生活中如此重要，那么，就让我们重视起来吧。只有这样，我们的生活才会更加和谐舒畅，我们的人生才会到处充满阳光。当然，学会倾听，更要学会鉴别。学会倾听，并非逆来顺受，而是要具体问题具体分析。对那些混淆是非、造谣中伤、无中生有的无聊倾诉，则要给予善意的劝解，必要的话，还要给予严厉的批评，坚决制止。

戴尔·卡耐基曾经说过：“当对方尚未言尽时，你说什么都无济于事。”这句话告诉我们，无论是想和他人进行良好的沟通，还是想有力地说服他人，首先我们要学会积极地倾听别人的话语。积极的倾听，是促进理解的金色桥梁，是人际交往的一种艺术，体现了一个人的品德。那么，怎样才能成为一名积极的倾听者呢——

要实现积极的倾听，首先就要做到耐心、专心、虚心。就日常生活中的交谈而言，并非所有的话语都包含着重要的信息，并且我们的思维速度是说话速度的四到五倍，因此，如果在谈话中不能保持足够的耐心，我们的思想就会开小差，注意力就无法集中。要改进聆听技巧的首要方法就是尽可能地消除那些来自内部或外部的干扰。我们必须把注意力完全放在说话者的身上，耐心聆听，才能明白对方说了些什么、没说什么以及对方的话所代表的态度和含义。

其次，当我们在和他人谈话的时候，即使我们还没有开口，我们内心的感觉就可能已经通过肢体语言清清楚楚地表现出来了。因此，运用一些有利的肢体语言，如自然的微笑、得体的坐姿、亲切的眼神、点头或手势等，能够起到促进交流、消除心理隔阂、鼓励交谈者自然而尽情地表达等作用。当然，除了肢体语言以外，话语在积极倾听过程中也发挥着十分重要的作用。可以提出一些诸如“你认为这是关键问题吗？”“你的意思是……吗？”“你能说得明白一些吗？”之类的问题。这些提问让对方感到你对该话题感兴趣，从而更乐意与你交谈，为你提供更多的信息，有助于你理解问题的各个方面。

俗话说：“酒逢知己千杯少，话不投机半句多。”在聆听别人谈话的过程中，要认真揣摩对方要表达的感情和含义，努力理解说话人的内心世界，这样会加快你和谈话者彼此之间的沟通，帮助你迅速找到能够与谈话者产生精神共鸣的话题和内容。“有动于中，必形于外”，当你内心的感情与倾听对象达到共鸣时，表情会自然而然地随着谈话内容而发生变化，情感上会和对方产生交流，比如当对方在讲笑话或幽默时，你会开怀大笑，更增添了讲话人的兴致；说到紧张之处，你会屏气凝神，让讲话人感受到你的专注。这种积极的情感反馈自然会获得良好的倾听效果。

◆ 提高倾听的素养和能力

在互联网和其他现代化数字传媒纷纷进入人们的学习、工作、生活的时代背景下，对话、沟通成为人们的趋向性选择。与此同步，思想文化的教育方式也随之由注重单向灌输变为重视双向交流，倾听自然也就成为这种互动交流的必要前提和条件，成为架起双方心绪的桥梁和纽带。也正如此，有许多人必须从以前那种好为人师、“我讲你听”的习惯中走出来，跟上时代的脚步，提高自己倾听的素养和能力，掌握倾听的技巧。而要学会倾听，在当前至少有以下几点是应该给予足够重视和格外留意的。

倾听要耐心

耐心是使诉说和倾听得以进行下去的基本保证。倾听时不能急，急了，常常导致不让人说话；倾听时不能躁，躁了，就会频频打断别人说话；倾听时不能烦，烦了，就会让诉说者顾虑重重、欲言又止。总之，倾听要有耐心，有耐心才能更好地倾听。

耐心是一种态度。倾听的根本问题是态度问题，不是方法问题。毛泽东同志指出：“怎样使对方说真话？各个人特点不同，因此，要采取的方法也不同。但是，主要的一点是要和群众做朋友，而不是去做侦察，使人讨厌。”管理者要想听到群众的心声，首先要有尊重人、关心人、平等待人的根本态度，要把群众当成无间亲朋、良师益友。应该认识到耐心倾听群众的呼声是坚持民主作风的体现，是贯彻群众路线的基本前提，而这种态度就表现为面对群众时的满腔热忱，倾听诉说时的认真细致，听到问题时的赞许鼓励，闻知困难时的关注关切。

耐心是一种涵养。管理者从群众中既能听到赞美鼓励，又能听到逆耳之言；既能听到简短汇报，又能听到唠叨长谈；既能听到真知灼见，又能听到风言风语。面对各种声音，管理者需要有海纳百川的气度，要能听得进千言万语。法国著名作家雨果说过：“世界上最宽阔的是海洋，比海洋更宽阔的是天空，比天空更宽阔的是人的胸怀。”管理者就应具备宽广的胸怀和容人的素质，要能控制得住自己去耐心倾听不同的声音，要能在听的过程中耐心寻找他人思想的火花。

耐心是一种习惯。秦末，楚汉相争。初始，汉高祖刘邦处于劣势，兵寡势微，屡战屡败，但是他从谏如流，始终愿意耐心听取他人的意见，把倾听意见作为习惯，变成个人风格，终于以弱胜强。而项羽则高傲自大，闭目塞听，仅有一个谋士范增，还不愿用，最终失去了优势，无颜再见江东父老。同样，管理者要为企业建设出谋划策，要为广大群众解决实际问题，需要掌握各方面的情况。面对纷繁复杂的局面，管理者必须把倾听变成自觉行为，内化为良好习惯，形成工作作风，才能耐下心性听取八方来言，才能心平气和听完各种意见，也才会为做好工作打下扎实的基础。

倾听要虚心

因为只有虚怀若谷，才能容纳各种不同意见。倾听，不论听到什么意见——正面的、反面的，料到的、意外的，好听的、难听的，都要“洗耳恭听”。这样，才会收到“知无不言，言无不尽”的奇效。

虚心表现为不自以为是。好为人师，自以为是，不由分说，拒人于千里之外，都是倾听的大敌。管理者在任何时候都不能认为自己有多高明，应该认识到高明是相对的，一个人不可能比一切人高明，也不可能在一切事上都高明，只有虚心听取不同意见，做到耳听八方，才能了解到真实情况，才能被群众所认可。正如汉代桓宽在《盐铁论》中所讲："多见者博，多闻者智，拒谏者塞，专己者孤。"管理者只有谦虚好学，多听多看，兼听善择，才能视野开阔，知识丰富。否则，自高自傲，夜郎自大，只能导致独断专行，陷于孤立。

虚心表现为不拒绝批评。倾听不只是听好听的话，更要听难听的话，难听的话中有真相、真情、真理。"良药苦口利于病，忠言逆耳利于行"，讲的就是这个道理。

唐太宗李世民多次被谏臣魏徵尖锐的措辞激得面红耳赤，但他能够虚心纳谏、容人谏言，反而从魏徵那里获益匪浅，因此魏徵死后他痛哭流涕："以人为镜可以明得失，魏徵殁，朕亡一镜矣！"面对批评，人们不仅要能听，还要善听、愿听、爱听。要以"闻过则喜"的胸怀对待批评，做到"言者无罪，闻者足戒"。只有这样，才能听得进逆耳忠言，才会吃得下苦口良药。

虚心表现为不居高临下。倾听是发扬民主、集思广益、融入群众的有效途径，是管理者礼贤下士、平易近人、礼貌待人的直接体现。三国时，刘备不以诸葛亮位卑而轻之，三顾茅庐问天下计，诸葛亮因感"先帝不以臣卑鄙"之恩而"鞠躬尽瘁，死而后已"，成为千古佳话。虽然，人有大小、新老之分，言有长短、轻重之别。但是，管理者应该深知"微言"有大义、"小计"含真情，放下架子、面子倾听群众的声音，就会得到群众的敬重，就会得来群众的肺腑之言，就会赢得群众的支持拥护。

倾听要诚心

心诚则灵。心不诚，如果只是表面上装出倾听的样子，而实际上心不在焉，那么，就不仅听不到真言，还会因此交不到诤友。

倾听要真诚。"人心换人心，八两对半斤"，管理者只有真心诚意地去听群众的声音，群众才会从心里接受你、感谢你、支持你。

日本松下公司多年来有一项制度，就是每月发工资时，工资袋里必须有一封总经理给职工的亲笔信。信都写得真诚感人，职工拿到工资袋，不数钱，先看信，还拿给家人看，看到感人处一家人都掉眼泪。正是因为公司这种真诚待人的态度，使得松下员工都尽心敬业、努力工作，也使得松下公司成为世界著名企业。“精诚所至，金石为开”。管理者要想听到真实的话语，必须抱有真诚的态度，做到用心去听，用情去听，而绝不能虚情假意，敷衍了事。

要理解对方。群众向管理者诉说衷肠，多半是因为心里有化解不开的疙瘩或遇到了棘手的问题。因此，倾听时必须要理解诉说者的心情和处境。要推己及人，站在当事人的角度来感知诉说者的困难和心境，理解他们的心情和需要。要通情达理，面对群众的不满之词和偏激话语，应该理解他们、体谅他们，用自己的诚心来解开群众的心结。要想人所想，对待群众的事情和疾苦，应该急人所急、忧人所忧。只有这样，才能与人交心，大家才不会把你当成外人。

倾听要细心

古人云“天下大事，必作于细”。倾听中，管理者只有心细如发、见微知著，才能敏锐地感知群众的心迹，才能迅速地抓住问题的端倪。

要听清。倾听不是不动脑子地随便听听，而是要集中精力，认真、用心地听。管理者在倾听群众反映情况时不能“心不在焉”或“左耳进右耳出”，更不能还没等对方讲完就“先声夺人”“先入为主”。这样，不但听不清群众的话语，而且还会影响群众的情绪，“听”还不如“不听”。要听清话语，必须聚精会神，心无旁骛，自始至终地认真听群众的每句话语。要记清话语，除了用笔去记外，还要用脑去记，用心去记，记清群众的情绪态度，记住群众的殷切期望。

要听准。“差之毫厘，谬以千里”，这个道理同样适用于倾听。

听不准群众的话语，就弄不清群众的想法，就不会清楚群众的需要，也就会使后面的工作无的放矢，甚至出现偏差。要听准话语，需要心随耳动，切实弄明白群众说的重点是什么、心里的想法是什么、希望达到的目的是什么，尤其对于重要、敏感的话语，应该有意再询问订正一下，确保准确无误。要听准话语，还需要闻百家之言。“兼听则明，偏信则暗”，只有倾听多种声音、征求多种意见，并经过分析辨别、综合衡量后，才能找出最准确的信息。

要听真。“说话听声，敲锣听音”。倾听要辨识，没有辨识怎能听真？管理者要想把准群众的思想脉搏，弄清事物的本来面目，就要会听言下之意、真实之音。人们的经历和环境不同，个性特征、学识、修养和思维方式也会不同。有的人说话直接反映他的真实想法，有的人则常常用反话、气话、怪话等曲折的方式来表现意见倾向。所以，相同的话由不同的人来说，其含义可能是不相同的。因此，管理者倾听时一定要开动脑筋，对听到的话进行具体分析、去伪存真，从而摸清群众的真实想法。

◆ 最好的听众是信任

大部分听人说话技巧高明的人，都能不着痕迹地配合对方的喜怒哀乐。对方说到伤心处就随着哀痛，对方高兴也随着欣喜，整个人的感情都专注于对方身上，好像全然抹杀了自己的个性。

有位心理医生曾说：“我有感性和理性两种个性，而前者足以凌驾后者。”他由于工作上的关系，更需配合患者的情绪变化而变化，如果只是静静倾听，可能无法获得患者的信任，这会影响治疗工作。

环顾四周的人，其中一定有人值得你信赖，而你愿意向他吐露心事。这些人不仅会分享你的快乐、忧愁，而且会为你出主意或纠正你的错误。正因这些人能设身处地为你着想，你才会坦然将自己的心里话说出来。

的确，在获取对方肯定前，自己必须先肯定对方，多表明站在对方立场的态度，定能听取对方更多的心事。心意是否能传达给对方，同时被对方所接受，完全掌握在你手上。

让我们看一则故事。

尉迟敬德是唐初著名的战将，为大唐的建立屡建奇功，功勋卓著，尤其对唐太宗李世民忠心耿耿。

本来尉迟敬德是刘武周手下的一员大将，在公元620年时他与另一员大将寻相一起向唐太宗投降。但寻相见风使舵，不过多久，便又叛乱。此时尉迟敬德尚在军中，殷开山、屈突通等人疑心曾与寻相同处一敌方阵营的尉迟敬德也将叛乱，于是将他捆绑起来，押到李世民面前，建议李世民杀一儆百，以儆效尤。

李世民不假思索便道："尉迟敬德何许人物！如果要叛乱，还会落在寻相的后面吗？"于是立即上前，亲自为尉迟敬德松绑，并亲切安慰他："大丈夫以义气相许，请千万不要将这点小误会放在心上。我是决不会随意轻信旁人之言，加害忠良勇士的。"

尉迟敬德闻言深受感动，从此对唐太宗死心塌地，为唐太宗甘愿效犬马之劳。

其实早在李世民打败刘武周，尉迟敬德战败被逼投降时，屈突通就已经提醒李世民要小心尉迟敬德是被逼归顺，恐怕将来会叛变，不应委以重任。

正因为李世民如此赤诚相待，尉迟敬德才终生尽忠于李世民一人。后来李世民与李建成争位，李建成曾送尉迟敬德一车金银来收买他，却被他严词拒绝。

唐太宗对自己任用的人能推心置腹，不加猜忌。公元627年，唐太宗初即位，他亲自率领数百名宿卫将士在殿前学射箭。众大臣以为不利于皇帝的安全，纷纷谏阻。唐太宗一概不听，并深情地说："王者视四海如一家，疆域之内，都是我的赤子，我一一推心置腹，为什么连自己的保卫人员也加以猜忌呢？"

由于皇帝的信任，诸多保卫人员个个自励，数年之间就成为一支精锐之师。

由此可见，信任的力量在上下级之间是多么巨大。同理，信任在交往中的力量也不可小视。

以下是杨先生首次生产擦地拖鞋时所发生的故事——

当时对推销产品完全外行的杨先生，不了解自己所生产的擦地拖鞋能卖什么价钱，于是就请教某批发商如何直接定价。

他老实说自己不懂得价钱，所以无法决定，而批发商十分热心，帮助他算出零售价，并购买了他的擦地拖鞋。如果这位批发商心怀不轨，一定会狠狠敲一笔，然而他并未如此做，反而表示："你的产品不错，可卖这种价钱。"

杨先生对这位批发商的态度十分感激，感到社会仍是温暖的。不过社会上也有黑暗的一面，有很多人因上过当，从而养成处处防范他人的心理，这真令人痛心疾首。

不信任人的人，对自己或周围的人均无益处，这是杨先生的看法。他还说过，我相信人间到处有温情，只要以诚待人，一定能获得相同的回馈。直至今天他仍然感谢那位批发商。由此可见，是"信任别人"这一信条奠定了杨先生事业的基础。

当然，这信条也适用于听人说话方面。当对方热衷谈论经验时，你却以怀疑的口吻反问："是吗？"或凭自己的意思判断对方，甚至漫不经心。这种态度当然会影响对方，逐渐地减低谈话兴趣，并很快地结束谈话。

任何人都不会对不信任的人表白真心，顶多是说些无关痛痒的话，这种损失实在难以弥补。所以，我们必须相信对方，没有一丝作假，那么，对方自然会敞开心扉，表露出真实的一面。

◆ 会听，促成有效的交流

倾听是搞好人际关系的需要。人有两只耳朵一张嘴，就是为了少说多听。不重视、不善于倾听，就是不重视、不善于交流，而交流的一半就是用心倾听对方的谈话。不管你的口才有多好，你的话有多精彩，也要注意听听别人说些什么，看看别人有些什么反应。俗话说得好："会说的不如会听的。"也就是说：只有会听，才能真正会说；只有会听，才能更好地了解对方，促成有效的交流。尤其是和有真才实学的人一起交谈更要多听，不仅要多听，还要会听。所谓"听君一席话，胜读十年书"，大概正是这个意思。

那么，是不是我们什么都不说，只一味地去听呢？当然不是。假如一句话都不说，别人即使不认为你是哑巴，也会认为你对谈话一点儿兴趣都没有，反应冷漠。这样会使对方觉得尴尬、扫兴，不愿再说下去。到底多说好，还是少说好呢？这就要看交谈的内容和需要了。如果你的话有用，对方也感兴趣，当然可以多说；倘若你的话没有什么实质内容和作用，还是少说为佳。即使你对某个话题颇有兴趣和见解，也不要滔滔不绝，没完没了，更不要打断别人抢话说，因为那样会招致对方厌烦，甚至破坏整个谈话气氛。

听话也有诀窍。当某人讲话时，有的人目光游离，心不在焉，看表、修指甲、打哈欠、打电话……这些小动作会给人一种轻视谈话者的感觉，让对方觉得你对他不满意，不愿再听下去，这样肯定会妨碍正常有效的交流。当然，所谓注意听也不是死盯着讲话者，而是适当地注视和有所表示。

给讲话人语言暗示，告诉他你在专心地听。对他所说的话感兴趣时，展露一下你的笑容；用“嗯、噢”等表示自己确实在听和鼓励对方说下去。或者“明白了”“再讲具体一点”“然后怎么样了？”注意，每一个暗示都要简短，但这足以使讲话人深受鼓舞。

提出问题。凭着你所提出的问题，让对方知道，你是仔细地在听他说话。而且通过提问，可使谈话更深入地进行下去。如：“要如何才能改变这一现状呢？”“如果不这样还有其他好的办法吗？”

要巧妙地表达你意见，不要表示出你与对方不合的意见，因为对方希望听的人“听”他说话，或希望听的人能设身处地地为他着想，而不是给他提意见。你可配合对方的证据，提出你自己的意见，比如对方说完话时，你可以重复他说话的某个部分，或某个观点，这不仅证明你在注意他所讲的话，而且可以以下列的答话陈述你的意见。如：“正如你指出的意见一样”“我完全赞成你的看法”。

在忠于对方所讲话题的基础上，引导好话题的走向。无论你多么想把话题转到别的事情上去，达到你和他对话的预期目的，但你还是要等待对方讲完以后，再岔开他的话题。对方也许是一个不善表达的人，不是短话长说，就是说些与主题无关的话题，甚至连陈年往事也牵扯上了。这样的谈话枝叶太多，往往会脱离主题。因此听者须及时予以引导，使谈话重上轨道。这是听者的重要责任，也是听话技巧之一。记住，是引导而不是指导。

要听懂对方的意图，而不仅仅是话语。管理学大师彼得·杜拉克曾经说过："沟通就是倾听对方没有说出来的话。"因此，请细心体会说话人"话里话外"的意思，并且在抓住事实的同时感受他的情绪。

当一个话题告一段落，你要适时引入新的话题。人们喜欢从头到尾安静地听他说话，而且更喜欢被引出新的话题，以便能借机展示自己的价值。你可以试着在别人说话时，适时地加一句："你能不能再谈谈对××问题的意见呢？"

如果我们把每一次倾听都当作学习的机会。即便谈论的话题一开始显得很无趣，也请紧跟说话人的思路。这样，在你学习的同时，你也会获得谈话人的好感与尊重。认真按照这些要求去做，你一定会成为一个成功的倾听者，成为一个拥有纵横口才的高手！

◆ 听人炫耀也有技巧

通常人人都喜欢炫耀。然而，炫耀之心被人看穿后通常会腼腆，并且想尽办法保护自己的良好形象。因此，即使想大声炫耀时，也会谦虚一番才开始谈论。

如果能利用这种心理，让对方开心地谈，对自己也有好处。例如在洽谈生意时，不妨让对方畅谈自己的癖好，而你则拼命点头称是，表现出敬佩的样子，在对方获得心满意足后，自然可让宾主皆欢。

在生活与工作中受欢迎的人，多是能了解听人炫耀的技巧。老王是某公司的职员，他就是因此而人缘极佳。例如，星期一上班时，他看到上司晒黑了，便自然地比画出握网球拍的动作，两人的话匣子就此打开。刚开始时，上司可能会不好意思而客气地说："其实我昨天收获不错"，但很快就进入情况，不时会露出得意的神情。如果上司是个钓鱼迷，不妨说："现在钓鱼不简单吧？"或"一天能钓上一条草鱼就不错啦！"等，如此纵然对方成绩不理想也不会难为情。因为这无疑是暗示对方，现在天气不佳，你能钓上一条，也可称得上是高手了。

由于他是如此善解人意，大多数同事都乐于找他谈话，他不但不厌烦，还会给予精神上的支持，难怪会大受欢迎。他就是以"听话"增加与人的亲密感。

他在与人交谈时，完全扮演听众的角色，从不炫耀自己。比方谈到钓鱼，尽管他同样善于此道，但从来都是耐心听，从来不自吹自擂。不会让人没兴趣再说，甚至会嘀咕"这家伙不可等闲视之"或"年纪轻轻的就这样神气"而引起反感。

除了要专心倾听别人在现实生活中的光荣外，还要专心倾听别人未来的梦想。光荣与梦想，是人最在意的两件事。

张勇在平时经常描绘自己20年后的样子：存一笔不少的钱，到湘西凤凰古镇买幢房子，栽花、养马、劈柴、发呆，过无拘无束的生活。原来，去湘西生活是他少年时拥有的梦想，从沈从文的笔下，他对那片淳朴的土地产生了好奇。长大后去过几次，非常留恋那里的一草一木。去那里定居是他十几年的梦想，而这梦想埋藏在心底已久。只要谈到它，他的表情就熠熠发光，与平日指挥工作的样子截然不同，仿佛少年一般天真可爱。

有一次，他和以前一样在谈梦想时，来了一位醉客打断话题："湘西，湘西有……有什么了不起的……"这时他的脸色大变，露出可怕的眼神，结果两人发生了冲突。对他来说，他绝对无法原谅嘲笑自己梦想的人。

梦想与光荣一样，神圣不可侵犯，没有任何东西能替代。平时忙于工作，而这梦想有如强心剂，可为生活带来无比的希望，鼓励自己勇往直前。因此，对于别人的光荣与梦想，我们在倾听时要怀着专心与虔诚的态度。

◆ 听懂别人说话的真实意图

俗话说：“听话听音。”中国人的特点是含蓄，特别是在特殊的场合里，人们总会根据具体的对象和环境，利用含蓄、讽喻、双关、反语等方法，表达自己的意图。这样就会使表达曲折委婉、话里有话，听话的人若不仔细揣摩，就不能理解说话人的真实含义，只按照字面上的意思来理解，势必会造成曲解。所以我们要细心琢磨别人的话外音，方能知晓对方想表达的真实意思。

张倍源作为公司市场部的员工，时常要对一些新近需要开拓的客户送些礼品来增进客户的关系。有一次，张倍源就碰到了一个很难缠的客户，客户的性情很难把握，不知道该送什么礼物。几经推敲，决定送一瓶香水给对方。谁知对方推辞说：“谢谢你的东西，但不太适合我。”眼看生意就要黄了，张倍源很着急。如果客户不喜欢这种礼物，那该怎样知道客户的喜好呢？就在张倍源手足无措的时候，他发现客户手里握着一本关于赛车信息的杂志。张倍源立刻心领神会，选购了一辆赛车模型送给对方，对方果然欣喜地接受了，而这单生意也顺利被搞定了。

张倍源并不知道客户的喜好，但是又不能直接地向客户了解，这就需要细心地观察。同时客户是送礼物的对象，也不好直接向张倍源说出自己的意图。生活中大量的话由于各种各样的原因，都不便直接讲出，隐晦地表达已是现代人的交往特性。

有一次老板要去英国出差，因为甘国强和老板私交甚好，老板就想带他一起去。但是想和老板出差的人很多，为了避免大家觉得自己偏心，老板照规矩召集大家，老板当着大伙的面先问甘国强：“你的英语很不错吧？”甘国强当时也没考虑太多，老老实实地回了句：“我的英语很差啊。”他刚说出这句话，其他想去的同事就立刻自荐，忙说自己英语水平很不错。事后甘国强觉得自己做了件傻事，只有一个机会的前提下，老板故意先问自己，而且老板和自己私交很好，怎么会不知道自己的英语不好，他还故意问自己的英语是不是不错，很明显是想带自己去的。可惜自己没有明白老板的真实意思，把机会错过了。

作为老板，当然不能明显地偏向某个员工，即使他是关系很“铁”的哥们儿。老板特意召集大家，又第一个征求甘国强的意思，显然就是要把这个机会给甘国强，甘国强一时没有领会到这层含义，错失了一次良机。每个人的“话外音”其实都有迹可循，多考虑事物的另一面，进行换位思考，事情可能就会变得明朗。记住，凡事都事出有因，“话外音”也不例外。这就要求听者能够听出弦外之音，进而听懂别人说话的真实意图。

某国家要任命新的领导人，各报记者都想探听谁会是新任首相，但此事是秘密决定的，而且参议员都守口如瓶，记者们使尽浑身解数也一无所获。但有一位记者通过一个巧妙的问题就获得了第一手资料。

在议员们结束会议时，这位记者向参议员提出这样一个问题：“出任首相的是不是秃子？”当时出任首相的有三名候选人：一个是秃子，一个是满头白发，一个是半秃顶。而最具优势的人正是半秃顶的候选人。这个看似简单的问话，却暗藏玄机，议员听到这个问题后，神色有些犹豫，没有立刻回答，记者巧设问题从这位议员一瞬间的犹豫中推断出最后的答案，因为对方的停顿肯定是在思考：半秃顶是否属于秃子？记者的机智让他获得了独家新闻，给自己的报社带来了丰厚的收入。

从中我们可以看到“话外音”的特征很广泛：一个举动、一个表情都可以成为话外音的一部分。记者巧妙地设置问题，再从参议员的表情的“话外音”中去推断他的真实意思。

作为一种人际沟通方式，理解对方的话外音是很重要的。若你意会不出或意会错别人带有隐含意的语言，轻则会把别人的鼓励当批评，把别人的嘲讽当作“补药”；重则会把错的事认为是对的，对的事反而认为是错误的，从而直接影响你对事物或人的判断。

下面一些情况，往往隐含着说话人的话外之音：对方谈话时语气突然改变时；对方的音调加重时；对方突然停止谈话时；对方故意做出的暗示性的语言和肢体动作时；谈话结束时对方有无特殊的举止；散席前对方的最后几句话……

人的内心思想，有时会在口头上不经意间流露出来，只要我们细心观察就能听出他人的话外音。

◆ 提高自己的倾听水平

听话不只是听见，更重要的是听懂。对语词、语句、句群以至整个话语的意义的理解与把握，是听话能力的核心。倾听时不仅用耳，还要用脑，边听边思考接收到的各种语言信息。一定要尽可能迅速地抓住关键词语，只有准确地理解了关键词语，才能正确地理解整体话语的意义。实际上，在快速流逝的语速中，听话人并不是在听声音，而是在听思想。除了对词句的听辨外，还要注意语调、语气、重音、停顿等种种因素。

理解特殊语言环境中的话语含义

在某些特殊的语言环境中，“讨厌”是喜爱的意思，“你太聪明了”则表示否定。

邹忌是战国时期齐国的丞相，位居高位后，即使有错误，也无人敢谏言。

一天，大臣淳于髡来到邹忌的府上，说有一些问题向丞相请教，他说：“儿不离母，妻不离夫，这样做对不对？”邹忌说：“对极了，所以我们做臣子的不敢离开君王。”淳于髡又问：“车轮是圆的，水往下流，对不对？”邹忌又说：“完全对，方的不能转动，水不能倒流，我必须顺应民心民情。”淳于髡又说：“貂皮破了，不能用狗皮补，对不对？”邹忌说：“没错。我决不能让小人占据高位。”淳于髡说：“造车得算准尺寸，弹琴必须定好调，对不对？”邹忌说：“对。我一定要严明纪律。”淳于髡说完后站起身，向邹忌行过礼，扬长而去。

学生问淳于髡：“您不是说给邹丞相提意见吗？怎么一个字也没沾边呢？”淳于髡笑道：“丞相已经完全明白了我的意思，还用明说吗？”

在这个故事里，听话者从字面的话语含义中听懂了说话者内在的含义。这个故事告诉我们，抓住对方的主旨，就能正确地理解对方的意思，并可以高效地解决问题，话语理解力是听说能力的核心，是听话水平高低的重要标志。要提高自己的语言敏感性，善于从发言者的话中，找出他没有明白表示出来的意思，就可以避免造成误解。

学会提炼话语中的关键词

所谓的关键词，指的是描绘具体事实的用词，这些用词透露出重要的信息，同时也显示出对方的兴趣和情绪。透过关键词，可以看出对方喜欢的话题，以及说话者对人的信任。

找出对方话语中的关键词，也可以帮助我们决定如何响应对方的说辞。找出对方话语中的重点，并且把注意力集中在重点上，这样我们才能比较容易地从对方的观点中了解整个问题。只要我们注意力集中，不在细枝末节上纠缠，就不会因为漏掉对方话中的重点或是错过主要的内容，而浪费宝贵的时间，做出错误的判断。

在人际交往中，学会听话语中关键词的作用是非常重要的。心理学研究表明，越是善于倾听他人关键话语的人，与他人关系就越融洽。

达到倾听的最高层次

有学者认为，有效的倾听是可以通过学习获得的。把握谈话中的关键词是倾听过程中的重点，因为，把握好关键词能够让我们获取更多的信息。从而掌握沟通的主动权。根据影响倾听效率的行为特征，我们把倾听分为三个层次，认识自己的倾听行为，并通过学习使自己的倾听层次逐步上升到第三层次，你就可以成为一名高效率的倾听者，从而不断提高自己的沟通能力和交际能力。

倾听的三个层次具体如下：

层次一：倾听者完全没有注意对方的谈话内容。在这个层次上，倾听者表面上是在听，实际上是在想与对方谈话毫无关联的事情，或者在琢磨自己的辩词。这种层次上的倾听者只对“说”感兴趣，对对方的话根本不在意，所以这类倾听者容易导致沟通中关系的破裂甚至会出现冲突。

层次二：倾听者只注重字词表面的意思。倾听者在听的过程中，只注重说话人所说的内容，却忽视了语调、身体姿势、手势、面部表情等无声语言。因为无声语言往往更能传达说话人的真实意思，所以这一层次的倾听者常常产生误解别人的意思，进而做出错误的举动，影响沟通的顺利进行。另外，倾听者在听的过程中如果只是象征性地点头同意而不询问其真实意思，则会让说话者误认为他的话被理解了，这也会给下面的沟通带来潜在的阻碍。

层次三：倾听者在听的过程中寻找兴趣点，并以此促进沟通的顺利进行。这一层次的倾听者才是一个优秀的倾听者。因为兴趣点是获取新的有用信息的契机，高效率的倾听者则能很好地利用这一点攫取更多有价值的信息，从而掌握谈话的主动权，促进沟通的顺利进行。

处于第三个层次的倾听者善于及时总结已传递的信息，质疑或权衡所听到的话并有意识地注意非语言线索，从而总览全局。由此可见，倾听的最高境界就是做一个高效的倾听者，及时把握对方话语中的关键词，从而获取更多有价值的信息。

提高自己的倾听水平需要不断地练习。首先加强自己的知识积累，这是理解力的前提。其次，还要能对别人的长篇大论进行简短的总结。另外，我们还可以练习速听，看自己能否瞬间抓住主旨。经过反复的练习，相信我们的倾听技巧会更加娴熟。

第八章 用幽默缩短彼此间的距离

生活中不乏这样的人：品行端庄，为人朴实，但他总是一本正经，没个笑脸，让人觉得枯燥无味，可敬而不可亲。

富有幽默感的人就不同了。他们不但愉快地做事，更能愉快地说话，走到哪儿，就把欢乐带到哪儿。这样的人由于有情趣，使人欢笑，使人快乐，人人都愿意与之相处。

爱迪生说："如果你想征服这个世界，就必须使这个世界更有趣！"我们什么时候看到过富有幽默感的人在人际交往中被动过？无论是身处什么样的氛围之中，他们都能以自己高超的幽默技巧腾挪闪躲、游刃有余。他们无疑都是具有魅力的人。

有幽默感的人，他们很少遵从逻辑的法则，相反经常运用奇谈怪论，或类似诡辩的手法，使对方如堕五里雾中。从他们口里"蹦"出的打趣话、俏皮话、戏而不谑的话连续不断，常使举座为之倾倒。

在人际交往中，幽默的情怀无疑就像湿润的细雨，可以冲淡紧张的气氛，缓解内心的焦虑，缩短彼此间的距离，是胸襟豁达的表现，即使在不愉快中也能沁人心脾、破除尴尬。

◆ 幽默让口才更具魅力

口才再好，若是没有幽默感，就好比一个园林里楼亭阁榭，有山有水，有草有木，就是没有花。没有花的园林，布局再合理，也少了些灵气与生动；没有幽默的口才，说话再雄辩，同样也少了些灵气与生动。

马克·吐温曾经说：“让我们努力生活，多给别人一些欢乐。这样，我们死的时候，连殡仪馆的人都会感到惋惜。”无疑，马克·吐温的话既有幽默感，又富有哲理。

有人说，笑是两人之间最短的距离。会心一笑，可以化解心与心之间的戒备；超然一笑，可以化解人与人之间的隔膜；开怀一笑，可以放松身心——这就是幽默谈吐在人际交往中的巨大作用。一个具有幽默感的人，能时时发掘事情有趣的一面，并欣赏生活中轻松的一面，建立起自己独特的风格和幽默的生活态度。这样的人，容易令人想去接近；这样的人，使接近他的人也分享到轻松愉快的气氛；这样的人，更能增添人的光彩，更能丰富我们生活的这个社会，使生活更具魅力，更富艺术。

法国作家小仲马有个朋友的剧本上演了，朋友邀小仲马同去观看。小仲马坐在最前面，总是回头数：“一个，两个，三个……”

“你在干什么？”朋友问。

“我在替你数打瞌睡的人。”小仲马风趣地说。

后来，小仲马的《茶花女》公演了。他便邀朋友同来看自己剧本的演出。这次，那个朋友也回过头来找打瞌睡的人，好不容易终于也找到了一个，说：“今晚也有人打瞌睡呀！”

小仲马看了看打瞌睡的人，说："你不认识这个人吗？他是上一次看你的戏睡着的，至今还没醒呢！"

小仲马与朋友之间的幽默是建立在一种真诚的友谊的基础之上的，丢掉虚假的客套更能增进朋友之间的友谊。可见，交朋友要以诚为本。朋友之间要以诚相待，互相关心，互相尊重，互相帮助，互相理解。爱人者人恒爱之，敬人者人恒敬之。关心别人，才会得到别人的关心；尊重别人，才会得到别人的尊重；帮助别人，才会得到别人的帮助；理解别人，才能得到别人的理解。

在家庭生活中，男人常常会因为自己的妻子为赶时髦去购买时装而烦恼，免不了一番发泄，但这往往会伤害夫妻情感。如果你是一个有修养的男子，面对这种窘境，即使是批评，也应采取一种幽默的方式，既消弭矛盾，又不伤感情，并给生活增添一份情趣。

妻子："今年春天，不知又流行些什么时装。"

丈夫："和往常一样，只有两种，一种是你不满意的，另一种是我买不起的。"

这位丈夫的幽默，一般通情达理的妻子均能接受，两个人此时都会为之一笑。

人们已经厌倦了腥风血雨，已经厌倦了指桑骂槐，已经厌倦了人与人之间的指责与谩骂。现代生活中的幽默，也就是与人为善，它追求的是人与人之间的和谐发展与完善。麦克阿瑟将军在为儿子所写的祈祷文中，除了求神赐他儿子"在软弱时能自强不屈，在畏惧时能勇敢面对，在失败时能够坚忍不拔，在胜利时又能谦逊温和"之外，还向上帝祈求了一样特殊的礼物——赐给他儿子以"充分的幽默感"。可见，幽默是人生多么值得拥有与追求的馈赠。

西方人对于幽默非常重视，但或许由于文化上的差异，幽默在我国并不太受到人们的重视。据南开大学社会学系的一项调查显示，我们的家庭成员在情感交流中，有六成的妻子认为丈夫少有幽默的情调，有七成的丈夫认为妻子缺乏幽默感，而认为父母毫无幽默细胞的子女接近九成！这一数据显然应该引起我们的重视和警觉。

幽默是一种生活态度，它用机敏和睿智给人们带来快乐。如果你会幽默，那么你是一个幸运的人；如果你不会幽默，那么你至少要会去欣赏幽默。幽默虽然不能代替实际解决问题的科学方法，但在人生纷至而来的困惑中，它会帮你化被动为主动，以轻松的微笑代替沉重的叹息。

◆ 幽默可以增进友谊

一位画家大病初愈，消息传到他的朋友某作家那里。作家连忙邮了一件礼品给画家，以示关心与祝福。画家打开裹了一层又一层纸的礼品，最终露出礼品的真面目：一块普通平凡的石头。在这块石头上，刻着一行字："听到您身体康复的消息，我心头的石头终于落了下来！"画家哈哈大笑，将这块普通平凡的石头视若珍宝。

幽默，其实就是增进友谊的强力黏合剂。

一般情况下，两个要好的朋友善意地捉弄对方的方式较为常见。比如朋友弄了个不伦不类的发型，你可以说："妙哉，此头誉满全球，对外出口，实行三包，欢迎订购。"下面是一段朋友间的幽默对话。

一个男人对一个刚刚相遇的朋友说："我结婚了。"

"那我得祝贺你终于找到了爱的归宿。"

"可是又离婚了。"

"那我就更要祝贺你了，你又重新拥有了一片森林。"

朋友间往往无话不谈，因此能够产生幽默的话题也很多。朋友错把黄鹤楼说成在湖南，你可说："不，在越南！"朋友之间的交谈，有时候会用说大话的方式进行，这种方式也能产生很好的幽默效果。

有两位朋友闲着没事互吹自己的祖先——

一个说："我的家世可以远溯到英格兰的约翰国王。"

"抱歉，"另一个表示歉意说，"我的家谱在大洪水中因来不及搬上诺亚方舟而被冲走了。"

说完之后，两朋友拊掌大笑。

人世间，从来都是锦上添花的多，雪中送炭的少。殊不知锦上的花已经够多的了，多你送的不多，少你送的不少；而雪中送炭却是如此宝贵，哪怕一丁点儿也够人温暖一时，铭记一生。

雪中送炭并非一定要以物质的形式，有时一句安慰的话，甚至一个鼓励的眼神，就可以让人身处寒冬却温暖无比。

我们以安慰病人为例。生病的人最需要安慰，安慰病人也确实有些讲究。说些善意的祝愿："好好休息吧，你不久一定会康复的！"或直接询问病人的详细病状和调治方法，都不能算真正的安慰。那么，怎样才能给病人很好的安慰呢？

某人因工作劳累生了病，卧床不起，他的朋友说："你多么幸运啊，唯愿我也生点病，好让我也能安静地躺在床上休息几天。"类似这种幽默的语言安慰病人的方法，往往会取得良好的效果。

有人去探望一年中因旧病频频复发而第五次住院的老朋友，以自己战胜病魔的经过，做风趣的现身说法：

"这家监狱（医院）我非常熟悉，因为我曾经是这里的'老犯人'，被'关押'在此总共12个月，对这里的各种'监规'了如指掌。我'沉着应战'，毫不气馁。有时，我自己提着输液瓶上厕所，被病友称作是'苏三起解'；有时三五天不吃饭，被医生称为'绝食抗议'；

有时接连几天睡不着觉，就干脆在床上‘静坐示威’。300多个日日夜夜，我就这样‘七斗八斗’地斗过来了。如今我不是已经‘刑满释放’了嘛！你尽管是‘五进宫’，只要像我这样‘不断斗争’，就一定会大获全胜！”

这番话说得老朋友和同室病人都乐了，大家的心情也都轻松起来，老朋友的病也似乎感觉轻了几分。看来，探病时的交谈十分需要幽默，因为被病魔缠身的人格外需要欢快的笑声。

有天早晨，海斯因屋顶漏的水滴在他脸上而急忙下床，踩到地上才发现地毯全浸在水里。房东叫他赶紧去租一台抽水机。海斯冲下楼，准备开车，车子的四个轮胎不知怎的全都没气了。他再跑回楼上打电话，竟遭雷击，差点一命呜呼。等他醒来，再度下楼，车子竟被人偷走了。他知道车子轮胎没气、汽油不够跑不远，就和朋友一起找，总算找到了。傍晚，他穿好礼服准备出门赴宴，木门因浸水膨胀而卡牢，只好大呼小叫，直到有人赶来将门踢开才得以脱困。他坐进车子，开了不足三里竟遭遇了车祸，于是被人送进医院。

海斯的朋友赶去医院看望他。在听了海斯极度生气的牢骚后，朋友才明白海斯不幸的来龙去脉。朋友笑着说：“看来似乎是上帝想在今天整死你，但是却一再失手。你真幸运！”

短短一句话，说得海斯极度兴奋、得意而自豪！

另外，对待朋友的失误，如果用幽默来处理，往往会获得更好的效果。如果你用尖刻的指责对待朋友，就可能引起更坏的局面。那位朋友会失去信心，而你会失去对他的信任，也就得不到他的更好合作。反过来，如果你用幽默的语言化解问题，反而可以打开相互了解的渠道。

所以，当对方处理事情出了问题，你就对他笑笑吧。这样，不仅会让你以轻松的心态解决问题，而且能让朋友之间更加和谐相处。

◆ 巧用幽默化解矛盾

如果你在餐厅点了一杯啤酒，却赫然发现啤酒中有一只苍蝇，你会怎么办？在你回答之前，让我们看看别人是怎么办的。英国人会以绅士的态度吩咐侍者："请换一杯啤酒，谢谢！"；西班牙人不去喝它，留下钞票后不声不响地离开餐厅；日本人令侍者去叫餐厅经理来训斥一番："你们就是这样做生意的吗？"；沙特阿拉伯人则会把侍者叫来，把啤酒递给他，然后说："我请你喝杯啤酒。"；德国人会拍下照片，并将苍蝇委托权威机构做出细菌化验，以决定是否将餐馆主人告上法庭；美国人则会向侍者说："以后请将啤酒和苍蝇分别置放，由喜欢苍蝇的客人自行将苍蝇放进啤酒里，你觉得怎么样？"美国人的这种处理方式即幽默，又能达到让人接受的目的。

一位顾客在某餐馆就餐。他发现服务员送来的一盘鸡居然缺了两只大腿。他马上问道："上帝！这只鸡连腿也没有，怎么会跑到这儿来呢？"

一位车技不高的小伙子，骑单车时见前边有个过马路的人，连声喊道："别动！别动！"

那人站住了，但还是被他撞倒了。

小伙子扶起不幸的人，连连道歉。那人却幽默地说："原来你刚才叫我别动是为了瞄准呀！"

幽默并不是回避、无视生活中出现的矛盾，而是以幽默的方式展示一种温和的批评。设身处地地想想，在餐厅点的啤酒里有苍蝇，要的鸡全是骨头，走路无辜被骑车人撞倒，你还有心思开个玩笑吗？

这修养，不知要多少年的火候才能修炼出来。由于有了幽默、洒脱的态度，生活中的许多尖锐的矛盾，并不需要大动干戈就能得到解决。

夫妻朝夕相处，天天锅碗瓢盆，始终举案齐眉、相敬如宾反而是一种不正常的现象，有人戏称之为“冷暴力”。小吵小闹有时反会拉近夫妻间的距离，同时也能使内心的不满得以宣泄，如果再佐之以幽默、机智的调侃，无疑使夫妻双方得到一次心灵的净化，保证了家庭生活的正常运行，请看下面这几对夫妻的幽默故事。

——驾车外出途中，一对夫妻吵了一架，谁都不愿意先开口说话。最后丈夫望着不说话的妻子，指着远处一头驴子说：“你不说话，难道和它是亲戚关系吗？”妻子答道：“是的，夫妻关系。”

丈夫本来想把不会说话的驴子和不愿说话的妻子拉扯到一起，既调侃了妻子，又打破沉默的气氛。但想不到妻子更加厉害，一句妙语把丈夫的话挡了回去，玩了一个更大的幽默。这样的聪明幽默的夫妻，即使吵架也不会吵得打架上吊。

妻子临睡前的絮絮叨叨总是令老王十分不快。一天夜里，妻子絮叨了一阵后，又说：“家里的门窗都关上了吗？”老王回答：“老婆子，除了你的话匣子外，该关的都关了。”

以上两则故事中的夫妻幽默均恰到好处地表达了自己怨而不怒的情绪。有丈夫对妻子缺点的讽刺，但其幽默的答辩均不至于使对方恼羞成怒。如妻子用夫妻关系回敬丈夫也是一头驴，丈夫用巧言指责妻子絮叨，这些幽默的话语听上去自然天成，又诙谐有趣。这些矛盾同样有可能发生在我们每一个家庭之中，有时却往往因为两三句出言不逊的气话而使矛盾激化。

◆ 遭遇敌意，幽默以对

做人要力避树敌，但一个有才能的人是避免不了有或多或少的反对者。正所谓“木秀于林，风必摧之”。如何面对反对者充满敌意的进攻?

有一次，温斯顿·丘吉尔的政治对手阿斯特夫人对他说：“温斯顿，如果你是我丈夫，我会把毒药放进你的咖啡里。”

丘吉尔哈哈一笑之后，严肃而又认真地盯着对方的眼睛说：“夫人，如果我是你的丈夫，我就会毫不犹豫地把那杯咖啡喝下去。”

阿斯特夫人的进攻是如此咄咄逼人，丘吉尔若不回击未免显得自己软弱，而回击不慎却可能导致一场毫无水准的“泼妇骂街”。丘吉尔毕竟是丘吉尔，一记顺水推舟的幽默重拳，打得飞扬跋扈的阿斯特夫人满地找牙却无从回手!

民主党候选人约翰·亚当斯在竞选美国总统时，遭到共和党污蔑，说他曾派其竞选伙伴平克尼将军到英国去挑选四个美女做情妇，两个给平克尼，两个留给自己。约翰·亚当斯听后哈哈大笑，马上回击：“假如这是真的，那平克尼将军肯定是瞒着我，全都独吞了！”

约翰·亚当斯最后当选，成为美国历史上的第二任总统。亚当斯的胜利当然不应全归功于幽默，但却不能否认幽默魅力的功用。

几乎人人都有遭受冷箭伤害、谣言中伤的经历。放冷箭、造谣言的成本极低，杀伤力却极大。加上“好事不出门，坏事传千里”的传播学原理，一旦处理不当，便会对被诋毁者造成极大的不利局面。试想一下，如果亚当斯听到攻击之后气急败坏、暴跳如雷、脸红脖粗，或辱骂共和党的卑鄙中伤，或对天发誓：“若有此等丑闻，天打雷劈！”这样抓狂，不仅有失一个总统候选人的风度与理智，也有可能陷入无聊无趣又无休止的辩论泥潭之中——何况真理是越辩越明还是越描越“黑”都有待商榷。

在冷箭的包围中、谣言的旋涡里，如何从容脱身，实在是一门大学问。置身此类局面下的人，不妨运用幽默的武器，以四两拨千斤的姿态，或许可以潇洒地把对方打个四脚朝天。

值得注意的是，幽默的用心是爱，而不是恨。林语堂先生说过：“幽默之同情，这是幽默与嘲讽之所以不同，而尤其是我热心提倡幽默而不提倡嘲讽之缘故。幽默绝不是板起面孔来专门挑剔人家，专门说俏皮、奚落、挖苦、刻薄人家的话。”

下面，让我们再看一则故事——

有一次，诗人马雅可夫斯基在大会上演讲，他的演讲尖锐、幽默，锋芒毕露，妙趣横生。忽然有人喊道：“您讲的笑话我不懂！”“您莫非是长颈鹿！”马雅可夫斯基感叹道，“只有长颈鹿才可能星期一浸湿了脚，到星期六才能感觉到呢！”

“我应当提醒你，马雅可夫斯基同志，”一个矮胖子挤到主席台上嚷道，“拿破仑有一句名言：‘从伟大到可笑，只有一步之差！’”“不错，从伟大到可笑，只有一步之差。”马雅可夫斯基边说边用手指着自己和那个人。

马雅可夫斯基接着开始回答台下递上来的条子上的问题：

“马雅可夫斯基，您今天晚上得了多少钱？”“这与您有何相干？您反正是分文不掏的，我还不打算与任何人分呢！”

“您的诗太骇人听闻了，这些诗是短命的，明天就会完蛋，您本人也会被忘却，您不会成为不朽的人。”“请您过一千年再来，到那时我们再谈吧！”

“您说应当把沾满‘尘土’的传统和习惯从自己身上洗掉，那么您既然需要洗脸，这就是说，您也是肮脏的了？”“那么您不洗脸，您就自以为是干净的吗？”

“马雅可夫斯基，您为什么手上戴戒指？这对您很不合适。”“照您说，我不应该戴在手上，而应该戴在鼻子上喽！”

“马雅可夫斯基，您的诗不能使人沸腾，不能使人燃烧，不能感染人。”“我的诗不是大海，不是火炉，不是鼠疫。”

马雅可夫斯基在别人的攻击与诋毁之下，丝毫不乱阵脚，举起幽默的宝剑将那些四面八方的冷箭干净利落地斩断。

这就是幽默的力量。它能让一个人面对谩骂、诋毁与侮辱时，毫发无损地保全自己。

我们什么时候看到过富有幽默感的人在交流或论辩中被动过？即使是身处完全不容讲理的险恶境地，他们也能以自己高超的幽默、腾挪、闪躲，游刃有余。

◆ 借助幽默摆脱尴尬

有一位身材矮小的男教师走上讲台时，学生们有的面带嘲讽，有的交头接耳暗中取笑。

这位老师扫视了一下大家，然后风趣地说：“上帝对我说：‘当今人们没有计划，在身高上盲目发展，这将有严重后果。我警告无效，你先去人间做个示范吧。’”

学生们哄堂大笑，然后鸦雀无声。显然，他们都为老师的幽默智慧所折服，忘记了他身材的缺陷。

幽默是社交之中的润滑剂，能使激化的矛盾变得缓和，从而避免出现令人难堪的场面，化解双方的对立情绪，使问题更好地解决。

有一位女歌手举办个人演唱会，事前举办方做了大量的宣传，但到了演出的那天晚上，到场的观众还不到一半。女歌手没有面露失望的表情，她镇定地走向观众，拿起话筒，面带微笑地说道："我发现这个城市的经济发展迅速，大家手里都很有钱，今天到场的观众朋友每人都买了两三张票。"全场爆发出了热烈的掌声。第二天的许多媒体娱乐版的报道，也纷纷为这位歌手的豁达和幽默叫好，为原本陷入尴尬的女歌手树立了良好的形象。

这位歌手在演唱会上，面对过低的上座率，心里没有遗憾与痛楚是不可能的。心里不舒服，但又必须战胜这种不舒服，以阳光的姿态去把最好的自己献给买票进场的观众。怎么办？唯有借助幽默。幽默是有文化的表现，是痛苦和欢乐交叉点上的产物。一个人不经历痛苦、辛酸，便不会懂得幽默。而假如他没有充足的自信和希望，也不会幽默，他的痛苦与辛酸也就白费了。

无独有偶。一位著名的歌手参加一个大型的露天晚会。她在走上舞台时，不慎踢到台阶突然摔倒。面对这种情况，如果什么也不说就起来，就会给全场观众留下不好的印象，但她急中生智，说道："看来这个舞台不是一般人都能来的，门槛真高呀！"大家都笑了，她更是保持了自己的风度，巧妙地借幽默摆脱了尴尬。

在总统竞选大会上，西奥多·罗斯福演说完后，到回答听众提问的时间了，由他身边的一个主持人帮他念观众递上来的条子。在回答了几个选民们关心的问题后，照本宣科的职业习惯让主持人将一张条子上写的两个字原原本本地大声念出："笨蛋！"

主持人说完，连他自己也傻眼了，台下的反对派开始大声起哄。

“亲爱的同胞们！”罗斯福镇静地说，“我经常收到人们忘记署名的信，但现在我生平第一次接到一封只有署名，但没有内容的信！”

罗斯福明知是反对派在搞鬼，用这种无聊的方式谩骂自己。但他并不正面去斥责这种行为，而是用幽默的手段，轻巧地将“笨蛋”的帽子还给了对手，从容地化解了尴尬，控制住了局面。

人是情感动物，都有着一方自己的情感天地，可是这块天地没有“篱笆”，经常有外物闯入，恣意践踏，让情感受到伤害，自尊受到打击。特别是人的薄弱环节，如缺点、毛病、难堪等，经常受到别人的侵害、笑话。面薄的人内心就会受到很大的打击，对生活失去信心，但有的人却能应付自如。面对对方的诘难，他自己吹着喇叭，自己擂鼓，把自己夸耀一通，巧妙地渡过难关。这有时不免有些滑稽，因为现实情况与其所吹嘘的反差太强烈，明眼人一下就能看穿，但是，幽默似乎就在其间产生了。

萨马林陪着斯图帕科夫大公去围猎，闲谈之中萨马林吹嘘说：“我小时候也练过骑马射箭。”

大公要他射几箭看看，萨马林再三推辞不肯射，可大公非要看看他射箭的本事。实在没办法，萨马林只好张弓搭箭。

他瞄准一只麋鹿，第一箭没有射中，便说：“罗曼诺夫亲王就是这样射的。”

他再射第二箭，又没有射中，说：“骠骑兵将军也是这样射的。”

第三箭，他射中了，他自豪地说：“瞧瞧，这才是我萨马林的箭法。”

萨马林本不善射箭，无意中吹嘘了一下，不料却被大公抓住把柄，非要看他出丑不可。好在萨马林急中生智，把射失的箭都推到别人身上，仿佛自己只是为了做个示范似的，终于射中一箭，才揽到自己身上，并不失时机地再次夸耀一番。靠幽默的帮助，他总算没有当场出洋相。而斯图帕科夫大公也一定知道这家伙在吹牛，但有这么有趣的幽默垫底，谁还会去计较那些无伤大雅的事情呢，开怀一笑多好。

◆ 用绰号表达幽默效果

几乎每个人都可能给人起过绰号，也都有可能被人起过绰号——总之都同绰号打过交道。其实，很多人都有本名以外的绰号。

绰号多多少少都表达了某个人的一些特征，比如张三老流鼻涕，就封他个“鼻涕虫”；李四爱传播小道消息，就名以“扩音器”……诸如此类，应有尽有。我们读过很多的古代小说，如《水浒传》《西游记》里边就有很多非常贴切的绰号，可以说是恰当、生动地体现了人物的性格、外貌特征、身份、武功绝技等。像花和尚——鲁智深；行者——武松；双枪将——董平；青面兽——杨志；神行太保——戴宗等；《西游记》中孙悟空有美猴王、孙行者、弼马温、齐天大圣、孙长老、斗战胜佛六个绰号；猪八戒有天蓬元帅、猪悟能、净坛使者三个绰号；沙僧（也称沙和尚）有卷帘大将、沙悟净、金身罗汉三个绰号；唐僧有陈江流、金蝉子、玄奘、唐三藏、玉帝哥哥、旃檀功德佛六个绰号。

鲁迅一生喜欢给别人起绰号，而且小说的人物命名也善用绰号。可是生活中，别人也曾给他起了一些有趣的绰号。鲁迅最早的绰号叫“胡羊尾巴”，这是他幼年的时候邻居们送的，意思是短小灵活，敏捷利落。鲁迅另一个比较早的绰号是“富士山”，这个绰号始于日本留学时期。据他的同学沈瓞民说：“大家听到他描摹留学生将辫子盘在头顶压在帽子下的丑态形如‘富士山’时，都不忍喷饭。我有一位同学王立才，为人风趣……就因此叫鲁迅为‘富士山’，‘富士山’的绰号，在同学中传得相当广。”

1909年，鲁迅在浙江两级师范学堂教书。新任学监夏震武无礼于教师，因夏氏不识时务，木然逞强，鲁迅等一般教师皆呼夏为“木瓜”。夏辞职后，鲁迅、许寿裳等同志20余人曾合影一张以为纪念。当时的参与者张宗祥称此次行动为“木瓜之役”。后来，凡在这张照片上的人，相遇都互称“木瓜”。鲁迅当然也被这些同志戏称为“周木瓜”。

鲁迅的另一个绰号叫“猫头鹰”。沈尹默在《忆鲁迅》一文中写道：“豫才的话不甚多，但是每句都有力量，有时候要笑一两声，他的笑声是很够引人注意的。玄同形容他神似‘猫头鹰’，这正是他不言不笑时凝寂的写真。”说鲁迅神似猫头鹰，应该说比喻得非常准确。

鲁迅从小就喜欢给人起绰号，最早可追溯到小时候给三弟周建人起“馋人”“眼下痣”的绰号。小时候因冬天吃冰，被房客沈四太太阻拦，挨了母亲的骂，就给沈四太太起“肚子疼”的绰号。到三味书屋读书时，曾“教唆”同学用“四眼狗”对寿镜吾老师的“比目鱼”，他还把好哭鼻子的女生叫“四条”，意指眼泪鼻涕一块儿流，真是生动顽皮至极。后来，鲁迅与许广平相爱，就给她起“害马”的绰号。甚至在给母亲写信时说：“母亲放心，害马现在很好……”他在北大讲课，当时北大有位青年教授叫川岛，留了个学生头，他便给人家起了个绰号“一撮毛”，见面时还亲切地叫他“一撮毛哥哥”。

无论是别人给鲁迅起的绰号，还是鲁迅给别人起绰号，一般来说充满善意，总是事出有因，含有丰富的生活情趣，嬉笑怒骂，皆成文章。这从一个细小的方面可以看出鲁迅做人的风趣幽默。

名人“爱绰号”，我们普通人当然也一样。一个作家在一篇回忆文章中这样写道：记得在读高中的时候，我们班有一位刘姓同学，年龄最大，威信最高，思想超前，工作能力强，且品格高尚。完全超脱低级趣味，被我们尊为兄长。便与刘少奇相对应，取绰号“刘老怪”。其名常叫不衰。至今我与老同学间交流，仍称“老怪”。

有两位同学性格相近，聪明活泼，学习成绩都很好。其中年龄最小的一位睡姿团身状如猫，便逐步演化为“三毛”。比他大一点儿的就叫作“二毛”。三毛爱睡觉是出了名的，有人说他一天24小时，有23小时睡觉，剩下一个小时打哈欠。其实他的学习成绩相当好，可能在睡梦中把书都看了吧。

后来三毛当了一个地级市的秘书长。有一次，我和妻子途经彼地，他来迎接我们，妻子当着他的下属面，脱口而出：“三毛！”我欲制止也来不及了。在场的人很惊诧，三毛却直说：“没事，没事！”

班里的生活委员掌管着班费，有什么活动想花点儿钱，我们就想动用班费。他却把得很紧。我们便喊他“老葛朗台”。后来变成“老葛朗”“老葛”。他很委屈，说：“都说我是葛朗台，就那么点儿钱，乱花能行吗？”

有一位同学热衷于古文字的研究，床头总摆着一部《康熙字典》，加之其人老成持重，便被称为“老康”。

林林总总，诸多绰号皆无辱没之意，当常常勾起当年的快乐时光。

由于给人起绰号几乎都是强调对方的丑而非美，故在很多场合都会引起人的反感，所以，我们在用绰号来表达幽默效果时，最好不要拿身边的人开涮，可以用电视里的明星或一些不认识的人过过瘾，这些都是无伤大雅的，也尊重了别人。要像鲁迅先生那样，无论是你给别人起绰号还是别人给你起绰号，都充满善意。

◆ 自嘲能制造宽松和谐的交谈气氛

如果说幽默是人头顶上的王冠，那么自嘲就是王冠上镶嵌的明珠。

自嘲也叫自我解嘲，顾名思义就是自己嘲讽自己，自己调侃自己，是主动用针扎破自身气鼓鼓的情绪气球。我们每个人都难免会遇到一些难堪的、痛苦的事，如果不知道怎样调节情绪，沉着应对，就容易陷入窘迫的境地，进而让情绪失控方寸大乱。这时，如果采取恰当的自嘲，不但能让自己在心理上得到安慰，同时还能让别人对你有一个新的认识。

美国一位身材肥胖的女士曾经这样自我解嘲：“有一次我穿上白色的泳装在大海里游泳，结果引来了俄罗斯的轰炸机，以为发现了美国的军舰。”引得听众哈哈大笑。这种自揭其短、“自废武功”的话语，使得大家根本就不会认为她的胖是丑，都将注意力集中在她的风趣上。结果，肥胖不再是她的劣势，反而成为她的特点，使她在社交中游刃有余。

自嘲是一个人心境平和的表现。它能制造宽松和谐的交谈气氛，能使自己活得轻松洒脱，使人感到你的可爱和人情味，从而改变对你的看法。

第二次世界大战期间，美、英、苏三国首脑在德黑兰举行会谈，气氛非常紧张。丘吉尔是个不拘小节的人。一天开会时，赫鲁晓夫注意到英国外交大臣艾登悄悄递给丘吉尔一张字条，丘吉尔匆匆一瞥，神秘地说：“老鹰不会飞出窝的！”并当即将字条放在烟斗上烧了。多年后，赫鲁晓夫访问英国时，好奇地问起了艾登当时究竟写了什么，艾登哈哈大笑："我当时写的字条说，你的裤裆纽扣没扣上。"

邓小平同志个子矮，他幽默地说："天塌下来有大个子顶着。"一语道尽小个子的"优越性"。他的风趣不但使人忘了他个子矮的不足，而且看到了他作为伟人的博大胸怀。鲁迅先生生前饱受迫害，他在《自嘲》诗中写道："运交华盖欲何求，未敢翻身已碰头。"这既是对自己遭遇的诙谐写真，也是投给反动派的标枪。著名漫画家韩羽是秃顶，他写了这样一首《自嘲》诗："眉眼一无可取，嘴巴稀松平常。唯有脑门胆大，敢与日月争光。"读之令人忍俊不禁，使我们想到韩羽先生乐观、大度的处世态度。香港特别行政区有个演员太胖，面对这种"自然灾害"，她不是挖空心思去减肥，而是顺其自然，把精力用在事业上，甚至给自己取艺名为"肥肥"，结果她以自己的才华赢得了观众的认可。

自嘲，貌似糊涂，实则是人生深厚精神底蕴的外在折射。它产生于对人生哲理高度的深刻体察，是既看到自己的不足，又看到自己长处后的一种自信。自嘲，是最为深刻的自我反省，而且是自我反省后精神的超越，显示着灵魂的自由与潇洒。自嘲，标志着一定的精神境界。自嘲，也是缓解心理紧张的良药，它是站在人生之外看人生。自嘲又是一种深刻的平等意识，其基础是，自己也如他人一样，有可以嘲笑的地方。自嘲，还是保持心理平衡的良方，当处于孤立无援或无人能助时，自嘲可以把自己从精神枷锁中解救出来。

能自嘲的人，起码心胸不会狭窄，提得起，放得下，以一种平常恬静的心态去品味与珍藏生活中的酸甜苦辣，去参透与超越人世间的利禄功名，从而获得潇洒充实的人生。

在大家一片哄笑中，也为自己解了围。在幽默的领域里嘲笑自己是一条不成文的法则，你幽默的目标必须时刻对准你自己。这时，你可以嘲笑自己的观念、遭遇、缺点乃至失误，也可以嘲笑自己狼狈的处境。每一个迈进政界的人都得有随时挨“打”的心理准备，如果缺乏嘲笑自己的能力，那么他最好还是去干其他的事情吧。

一次，陈毅到亲戚家中过中秋节。进门就发现一本好书，便专心读起来，边读边用毛笔批点，几次催他去吃饭，他不去，主人就把糍粑和糖端来。他边读边吃，竟然把糍粑伸到砚台里蘸上墨汁直往嘴里送。亲戚们见了，捧腹大笑。他却说：“吃点儿墨水没关系，我正觉得自己肚子里墨水太少哩！”

人们喜爱陈毅，难道和他的这种豁达、幽默的秉性没有联系吗？把自己作为嘲笑的目标，以此来沟通信息，表达看法是最令人折服、最能获得信赖的。你以取笑自己来和他人一起笑，这能够让他人喜欢你、尊敬你，甚至钦佩你，因为你用你的幽默向他人展现了你善良大方的品质。

美国有一位传奇式的教练，名叫佩迈尔。他带领的篮球队曾获得39次国内比赛冠军。他的球队在蝉联29次冠军后，遭到空前惨败。比赛一结束，记者们蜂拥而至，把他围个水泄不通，问他这位败军之将有何感想。他微笑着，不无幽默地说：

“好极了，现在我们可以轻装上阵，全力以赴地争夺冠军，背上再也没有冠军的包袱了。”

佩迈尔面对失败，没有灰心，将哀声化为笑声，将笑声化为力量，这是多么令人钦羡的人生境界啊！

我们发现，凡是善于自嘲的人，多是待人宽厚、与人为善的。他们不会处处与人为难，时时跟他人过不去，更不会无事生非。但是，他们绝不是窝囊，他们会以他独有的宽容的方式来做出反应，也许带一点儿嘲讽，当然更少不了自嘲。这样，他们往往就具有君子之风度。

第九章　好的声音让人过耳不忘

声音是一个人裸露的灵魂。心理学家认为，声音决定了你38%的第一印象，传递出你的个性、喜好、情绪、情感、年龄、健康状态等。尤其是在电话交流时，音质、音调、语速的变化和表达能力决定了你的可信度的85%。著名主持人杨澜说过："一个人所说的话是否有魅力，不仅关系到他是否具有良好的人际关系，而且直接影响到他能否保持一如既往的吸引力，能否保持新时代人类的独特魅力。"总之，一个声音动听的人很容易被周围的人接受。相反，那些听起来不舒服的声音总是容易把人"吓跑"。

这不，很多人都有过这样的体验，说话声音好的人多会让人过耳不忘，记忆深刻，尤其是富有磁性的声音，常常令人痴迷。电台、电视台主持人的声音就如此，能一下吸引人的注意力，带给人听觉上愉悦享受。

其实，让说话嗓音好听，也是口才学习中一门必不可少的功课。一个人要有好口才，更要有优美、动听的声音。而声音的美，有其先天声带发育的条件，但后天练习也至关重要。如果你对自己的嗓音不那么满意，何不马上付诸行动，给予纠正呢？！

◆ 审视自己的谈吐是否优雅

许多人不但在致辞或报告时喜欢扯着嗓门说话，就是日常交谈，他们的音量也特别大，甚至大到扎耳朵，使你怀疑他是不是在对别人说话，或是故意大声讲话让别人听到。

如果你看40年前的电影，八成会不习惯。因为那些演员太造作，无论动作、声音都夸张，怎么看都觉得是在“做戏”。

这多半由于他们是演舞台剧的出身。早期的话剧没有无线麦克风，场子的设备又不够好，为了让整场观众听得清、看得清，演员不得不放大声、夸张动作。

当那些演员改演电影时，不自觉地就会把演话剧的习惯带到镜头面前。

回想一下30年前你的演讲比赛，是不是也很夸张？演讲时顿脚捶胸，扯大了嗓门喊，尤其到结尾，非要握拳高喊几句口号不可，好像不这样就没有力量、就不算结束、就不能得奖似的。

今天，演讲已经自然多了，一些领导人却没改进。糟糕的是，因为他们也像话剧演员改演电影一样，一时改不掉老习惯。

过去“上山下乡”，哪有麦克风、扩音器啊？！下面聚了一大群人，这些领导者，能不扯着嗓子喊吗？

即使到了今天，也不能保证每次领导人下乡都有好的音响伺候。如果突然聚集一群人，要他讲话，他当然还是得喊。

于是旧习惯就愈加难改了，即使到了最好的大会堂、音乐厅，甚至只有几十人的小场子，明明有最好的音响设备，那些领导人仍然可能扯着嗓门说话，而且常常把尾音提得特别高。

说话要用多大的音量（也就是“音势”要多强），全得看环境。但是你也要知道，最亲切感人的语言，往往不是“吼”出来的。

有一对新认识不久的男女，在公园约会。男的把手放在女生的腿上，亲热地对女生柔声说：“我爱你！”

“高一点儿！”女生回答。

那男生就扯开嗓门儿喊：“我爱你！”

那女孩真是因为男生的声音太小，要他大声表白吗?

如果把“我爱你”大声喊出来，还有情趣吗?

所以，你想谈吐优雅，说话有魅力，先得自我检讨，看自己说话的音量是不是恰到好处。

如果你讲话的声音太大，是不是经常在嘈杂环境中讲话，习惯大声了，还是有焦躁的毛病，甚至不把音量放大就说不顺?

你要注意观察不同环境中你的邻居、朋友的谈吐和音量。

然后对照你自己是不是什么场合讲话声音都很大，或一紧张、疲惫，就显出焦躁，越说越快越大声，如果是就立刻改。先改变速度，再试着对近处的人小声说，对远处的人大声说，让自己的音量有变化。

◆ 如何塑造优美的声音

大约20年前，法国电影《佐罗》风靡中国。当时，很多中国女性之所以特别喜欢这部影片，除了佐罗（阿兰·德龙饰演）英俊潇洒的形象外，配音演员童自荣华丽而充满儒雅贵族气质的声音也起了关键作用。童自荣既不是佐罗，更不是影片中的骑士，可是，即便你从来没有见过童自荣，你也会把他想象成一个帅气十足、风流儒雅的男士，这是因为声音的作用。

声音是人的一张形象名片，可以为人们预留无尽的想象空间。通过声音不仅可以感知对方的年龄、性别、职业、相貌，还可以感知性格、思想、情感和态度。在社交中，我们应该充分运用“声音形象”，让自己在社交中左右逢源、游刃有余。

在运用声音塑造形象时，需要注意语言表达要带有真实的情感，要把生活和感悟融入声音中，把真切感受传递给你的谈话对象。

不少人看过《窈窕淑女》这部电影，电影说的是一个卖花的乡村女孩被培养成贵夫人的故事。训练从什么开始？从语言开始，改掉她的地方俗语和口音，在留声机上一遍又一遍训练语音和语调，之后才是着装、姿态、社交礼貌等方面的训练。如果你对于自己的声音不太满意，不妨通过下面这些方法来改进你的发音。

发音训练的第一课就是呼吸训练。说话和唱歌的发音方式是相通的。一些学习唱歌的方法可以用到说话上。意大利男高音之父卡鲁索说：“在所有学习歌唱的人中，谁掌握了正确的呼吸，谁就成功了一半。”气息是发出声音的动力，更是各种声音技巧的“能源”。歌唱时正确的呼吸，既不是用两肩上抬、胸廓紧张的浅胸式呼吸法，也不是用腹部一起一伏、胸部僵硬紧逼的纯腹式呼吸法，而是打开口腔用胸腔和腹腔联合运动而完成呼吸动作。

其吸气要领是：吸到肺底—两肋打开—腹壁站定；呼气要领是：稳劲—持久—及时补换。不过，要掌握好这一方法是有一定难度的，通常要经过持久的训练。

也有一些简单易行的方法，如平心静气地去闻鲜花的芳香，突然受到惊吓时的倒吸凉气，模拟吹灰尘。还可以利用早上起床的时间做一些训练，具体方法是：全身平躺在床上，尽力伸展身体，收缩腹部，把一只手平放在横膈膜上，将另一只手放在胸骨上，然后尽力吸气，吸气的同时说“哦哦哦”，呼气的同时说“哈哈哈”，这样练习几次，能够使气息充盈全身。然后再说出“早——上——好”，说的时候，手要能感觉到胸腔是在振动。

然后坐起，双脚紧贴地面，保持身体挺直，再说几次“早——上——好”。最后，站起来在房间里来回走动，连续说“早上好，早上好”。注意，在说的时候，要对自己充满自信。

接下来是共鸣训练。人的口腔、胸腔等发音器官就像一个音箱，搭配使用得当就能发出具有磁性的嗓音。为什么有的人说话的声音穿透力特别强，即使房间里噪声很大，也能听清他在讲什么，这就是共鸣的原因。你的声音必须是通过胸腔共鸣产生的，而不是堵在嗓子眼儿里被憋出来的。

共鸣训练要注意对发音器官的控制练习，以达到好的音质音色。首先要练习如何张开嘴说话，而不是发声不动嘴，咬着牙齿说话。我们会注意到歌手唱歌时都是张大嘴，这样才能够清晰地唱出每一句歌词。讲话时你也应该尽力做到这一点。开始训练时，朗读以下的内容大声进行练习：

胸腔共鸣练习：暗淡　反叛　散漫　计划　到达

口腔共鸣练习：澎湃　碰壁　拍打　喷泉　品牌

鼻腔共鸣练习：妈妈　买卖　弥漫　出门　戏迷

在练习时要注意仔细体会发音时胸腔、口腔、鼻腔共鸣的感觉。

最后是吐字发音训练。强调的是对发音动作过程的控制，是一种经过加工的艺术化的发音方法，目的是要做到吐字发音准确清晰。在培养歌手的录音室里，歌手要在一个规定的非常低的音量范围内，让人听清楚他唱的每一句歌词。吐字不清晰的人，即使声音很大，别人也听不清你在说什么，更谈不上谈吐有魅力了。

◆ 校正身体的发音部位

声音不仅仅与喉咙有关，还涉及身体的许多部位。身体像一套最为先进和精密的音响系统，依靠这套系统的协调作用和相互配合，你就可以清晰而得体地表达讲话内容，唱出美妙动听的歌声。没有受过声音训练的人，虽然平日说话和唱歌都没有问题，但很难应付特殊场合。要么声嘶力竭地喊叫，憋得脸红脖子粗；要么喃喃细语，自己都不知道自己在说些什么。

人体的发音系统主要由发声器官、吐字器官和动力器官三部分组成。

发声器官主要由喉构成，声带在喉部附近的两对半圆形的扁状韧带，犹如管乐器中的哨嘴和簧舌一样，起着发声的作用。当人呼吸时，自然放松分开，让气息畅通无阻地进出。当人说话和发声时，本能地向喉管中间靠拢。当靠拢到一定程度时，就会受气流的冲击产生振动而发声。你可以试着体验一下，说话时把手指轻轻放在下巴下面，可以感觉到明显的共振。

声带的光滑、厚薄、闭合好坏都会影响声音的质量。声音的纯净明亮或干瘪嘶哑由自身声带的质量所决定。

咬字和吐字的器官主要是唇、齿、舌、腭、鼻，是完成语音的最后部位。它们对喉部发出的原音进行修正处理——共鸣，使声音美化、亮泽、圆润。这就使声音具有弹性和可塑性。你可以试一试，用手指轻轻按住鼻梁骨，然后发出“呢、呢”的声音，你会感觉到微微的颤动。

发音是需要动力的。吹笛子时，你必须使劲地吹气，才能发出声音。音箱打开时，你站在音箱前能感觉到一股强大的气流。这些现象都说明发音要以空气为动力。人的发音动力以肺为中心，包括与呼吸有关的器官和组织。肺的作用就像一只产生空气动力的风箱，在周围肌肉组织的带动下做扩张或收缩运动，形成气流的进出。气流经过气管到达喉部，促使声带振动，发出声音。

平时聊天小声说话时，只需要在肺的上部保留少量空气，轻轻呼吸就可以了。但如果大声说话和演讲时，就需要深呼吸。

气息是言语发声的动力，动力的大小体现在肺活量上。肺活量与年龄有着密切的关系，通常，人的肺活量在27岁左右时达到最大值，以后每隔10年递减9%~27%。虽然经过特殊的训练可以缩小递减的程度，但递减的趋势不会改变。年龄不同，发出的气息强弱不同，发出的声音也就产生了差别。所以仅凭声音就可以判断说话者的大致年龄。

另外，你的腿部肌肉也起到非常重要的作用。它们能使你挺直身躯，有助于你在讲话过程中的血液循环，使你不会感到缺氧，保持良好的精神状态。在唱卡拉OK时，你会发现，歌唱得好的人，喜欢站起来唱。因此，为了获得更好的发言和演讲效果，最好是选择站着。了解了这些发音知识后，对提高声音魅力是很有帮助的。

◆ 声音有何属性

声音具有四大属性：音调、音强、音长和音质。任何声音都具有这些属性，说话的声音也不例外。在声音发出的瞬间，这四种属性同时作用于人的听觉神经，使我们对声音形成区别性印象。

先来说说音调。音调的高低是由声带振动频率的大小决定的。频率的大小同发音体的形状和质地有关。相对而言，大的、长的、粗的、厚的、松的发音体，振动频率较慢，发出的声音也低；小的、短的、细的、薄的、紧的发音体振动频率较快，发出的声音也高。人声的高低同声带的长短、厚薄、松紧有关。一般而言，女性和小孩的声带较短较薄，声音要高一些。成年男子的声带较长较厚，声音就低一些。通过研究发现，不管男女，音调低一些能起到较好的沟通效果。这是因为音调太高，鼻音就会提高，听了会让人不舒服，甚至起鸡皮疙瘩。而且，音调太高容易给人一种亢奋、不稳重的感觉。

音强的大小则取决于发音时用力的程度和量的大小。说话时如果比较用力，呼出的气流比较大，发出的声音音强就比较强；反之就比较弱。相对而言，年轻人的气息强，老年人的气息沉，声音很容易分辨。从身体状况来说，健壮的人气息强，偏瘦的人气息弱。据研究，说话时的音量应“适中”。当你在请求别人帮忙时，如果采用适中的音量，会比较容易得到帮助。原因很简单，你说话的声音比较大，容易给人“命令和强制”的感觉，让人反感。但如果声音太小，又容易让人觉得你缺乏自信、很害羞，甚至还会觉得你在撒谎。能够根据不同场合恰如其分地运用好音量，是重要的。

音长是由发音时间的长短决定的。音的长短可以通过训练改变，没有经过训练的人，一般掌握不好自己的声音长短。有的人说话语速很快，像机关枪扫射，给人上气不接下气的感觉。有的人说话慢条斯理，让人着急，这都不恰当。当然，这个问题也不是绝对的。中央电视台的著名节目主持人徐俐以语速快出名。徐俐的快语速非常适合她主持的新闻类节目。

音质，就是声音的个性或特色，它是一个声音区别于其他声音的基本特征。比如，同样是一篇诗歌，由不同的人来朗诵，有人声音高细而刚硬，有人声音低弱而温柔，听众马上会区别出来，并产生不同的联想，认为前者是一个利落干练的人，后者是一个文静端庄的人。人与人交流时，音质圆润悦耳、有感染力和亲和力是第一要素。如果你的音质条件因先天或年龄的因素不够优美，要特别注意善用语调和语速来弥补音质的不足。

最后，还要注意说话时的发音部位非常关键。你发音的部位取决于你的胸腔、喉咙和头部产生共振的空间。一般来说，发音部位越靠前，你的发音效果就越容易扭曲。可以用一个简单的方法来体会发音部位的不同带来的不同音效。你可以先说“呵呵呵”，然后说“哈哈哈”，再接着说“呼呼呼”，仔细体会一下，是否有什么不同呢？很多人不明白自己的声音究竟问题出在哪里，其实是没有弄清楚自己的声音是从身体的哪一个部位传出来的。

◆ 知晓自己声音的不足

这是一位作家的描述：有一次，我在等候电梯，电梯的门“唰”地一下打开时，我的眼前一亮，面前是一个穿着时髦、长相绝佳的气质美女。我不由得睁大眼睛迟钝了片刻，方才恍惚之间跨进了电梯。和这样一个绝色女人共处一“室”，我感觉呼吸有些吃力。可惜几秒钟后，当电梯再次拉开，她招呼同伴走出电梯的语态和音质让我再次吃惊，语态粗俗、音质沙哑。我真为她惋惜，那么美好的感觉仅仅停留了几秒钟。

现在不少人花了很多精力在化妆、穿着上，可一开口说话却让人大失所望，声音不好听，或沙哑或尖细或做作。一般来讲，声音过细会给人柔弱、无主见的印象；声音过尖易给人心胸狭隘、不易沟通的感觉；语速过慢易给人性格优柔、魄力不够的印象；语速过快易给人急躁、做事缺乏耐性的印象；腔调做作则意味着轻浮、功利、缺乏内涵。因此，不要小看声音对人的影响，要学会管理和驾驭自己的声音。

管理自己声音的前提是，先要清楚地了解自己声音的特点及状况，分析出不足之处，然后有针对性地训练和调整，塑造出更能提升个人魅力的声音形象。

究竟如何才能知晓自己声音的不足呢?

你需要巧妙地给声音做个“体检”，才能找出问题所在。

先用质量好的录音机或录音笔把你的声音录下来，注意不要刻意为录而录，而是收集平时日常生活中的真实声音，比如与他人交谈时的声音，你可以找个朋友聊，不过至少要半小时，也可以录些发言时的声音等，你还可以请朋友帮忙录下电话中的声音。

当你听到这些自己的真实声音后，或许不大会相信这是自己的声音。因为，我们讲话时所发出的声音不只是经过听觉器官，还会穿越脸部与咽喉引起头骨振动，声音会发生变化，所以我们通常并不熟悉自己真实的声音。

接下来，对收集到的真实声音进行分析，听听自己的声音是否过细，或过尖，腔调是否自然，辐射范围如何，声音的表现力如何，是否让人感觉很做作，呼吸的声音是否太大，说话时的停顿和语速的变化如何，等等。

经过这样的声音“体检”后，你会很容易发现自己的声音存在的不足，可以有针对性地加以改进。

◆ 了解自己的“音域”

毫无疑问，如果你觉得自己的声音不够好，你可以练!

你可以试着把同一句话，譬如“风调雨顺”，用不一样的声音说一遍。先沉下来，用低音，再一次一次渐渐拉高。

你也可以先用粗浊的音色说，再改成尖细的调子。

于是，你找出了自己的“音域”，也就是“你有多大发挥的空间和多大的可塑性”。你知道为什么要举“风调雨顺”做例子吗？

因为这四个字，是由一声、二声、三声和四声构成的。

汉语的音很妙，它分为四声，第一声（平）最高，第二声（扬）其次，第三声（转）又其次，第四声（下）最沉。所以，“风调雨顺”，你一路念下来，一定会像溜滑梯似的，由高而低。

你知道古代的“燕国”，那“燕”是读“yàn”，还是“yān”吗？

你知道姓“共”的人，那“共”要读“gòng”还是“gōng”吗？

告诉你，多半情况下都念第四声的“燕、共”，在这儿都得念第一声。至于“应”“曲”“查”“莞”，用在“姓”的时候，也都得念第一声。因为第一声比较响亮。同样的道理，“正月”因为是一年的第一个月，所以“正”不念“zhèng”，而念“zhēng”。

现在再看看以下这些熟悉的对联。

对联一：

天增岁月人增寿

春满乾坤福满门

对联二：

松竹梅岁寒三友

桃李杏春风一家

对联三：

生意兴隆通四海

财源茂盛达三江

如果你把前后两句“互换”一下，会怎样呢？

对联一：

春满乾坤福满门

天增岁月人增寿

对联二：

桃李杏春风一家

松竹梅岁寒三友

对联三：

财源茂盛达三江

生意兴隆通四海

前后比一比，哪个好？为什么原先觉得很完整、很有力、很有味的句子，一反过来就弱多了，而且给人没结束的感觉？

你再找一本《唐诗三百首》来看，注意一下“五言律诗”和“七言律诗”。是不是几乎每一首，最后一个字都是“一声”或“二声”的“平声”？

跟前面对联的道理一样——因为平声比较响亮，作为结尾，显得更完整，而且有“余韵”。

你或许要问为什么谈这个？答案是：因为它跟你取名字、讲题，甚至说话时对节奏的掌握都有关。

举个例子——

如果你应邀演讲，有“活出闪亮的一辈子”与“活出闪亮的人生”这两个题目，你希望那题目说出来响亮而有精神，你会选哪一个？

当然是“活出闪亮的人生”。因为“一辈子”是“往下”的，“人生”是“往上”的。你用同样的气力与音色，无论怎么讲，“人生”必定比“一辈子”来得响亮。

再举个例子——

“听说这件事，我有点伤感”“听说这件事，我有点感伤”。

乍看两句一样，“伤感”的“感”是第三声，而“感伤”的“伤”是第一声；“伤感”给人的感觉是受到了伤害，“感伤”的感觉则是有了很多感触。而且当你说的时候，“伤感”有“叹”的感觉，“感伤”有“咏”的感觉。

不信？你现在自己试试看，两句各念一遍，是不是感觉不一样，而且音调高低也不同？甚至可以说，“感伤”比“伤感”来得美。

请别怪笔者吹毛求疵，要知道，偷偷说到心深处，常常赢在细节，而且古人早就有这些讲究。

不信？请看——

“发愤图强”和“奋发向上”，“发愤”和“奋发”不是一样吗？为什么要用不一样的“愤”与“奋”？

因为“发愤”常有愤懑，“奋发”表示“奋起”。“发愤”的“愤”是第四声，表现得比较沉；“奋发”的“发”是第一声，表现得“飞扬”。

把下面四句各说一遍：

“发愤图强！”

“奋发向上！”

“发愤！”

“奋发！”

是不是不一样？

好！现在说不定你已经对“平声”与“仄声”的“亮度”有了一点概念。那么，请问，如果你要制作节目或办活动，有两个名字供你选——

天天开心

日日得意

你选哪一个？

还有，如果你做一场演讲，有两个题目供你选——

人生的哀愁与美丽

人生的美丽与哀愁

你选哪一个？

请记住，在说不出的地方下功夫，才能给人说不出的好感觉。赢，常常赢在那么一点点的功夫上。

如果你常跟各色人种相处，会发现一般来说黑人的声音比较大，也比较浑厚。正因为如此，黑人歌星的声音多半比白人响亮。

这是因为他们的口腔较大，好比乐器的共鸣箱越大，声音越大，也越雄厚。

你再想想，那些声乐家，就算是白人、黄种人，是不是也往往脖子比一般人粗？帕瓦罗蒂、多明戈和卡雷拉斯三大男高音，哪个脖子不粗？他们甚至粗到头和脖子好像一条线下来。

所以，就算先天条件不好，你也可以像歌唱家一样，靠后天的练习改善。

◆ 保养嗓子，让声音变得健康

有些人会花上几个小时在体育馆里锻炼，或者在公路上刻苦地跑步锻炼，为的是减轻体重，保持自己的体形，可是除了歌唱家和演员外，普通人有谁会在意自己的声音呢？

人们普遍认为，演员尤其是歌唱演员是靠嗓子吃饭的，而普通人只要身体没毛病，嗓子好坏无关紧要，如果你这样认为的话，那就错了，美国密歇根健康系统大学的诺曼·霍吉克延和他的同事建议大家，即使是普通人也一定要注意嗓子的健康。霍吉克延主张："你的嗓子相当于你与外界联络的大使，它在描绘你的个性和情绪，人们会根据你的声音来评价你的，所以在你考虑人们在听你说话或者唱歌时到底从你那里听到了什么，嗓子就显得非常重要。如果你的嗓子出了问题，那么会对你的生活产生巨大的影响。"

甜美圆润或浑厚磁性的嗓音，会给人留下美好的回味和遐想。但声带是非常娇嫩和脆弱的发声体，如果不加保养，一旦损坏了，就会像一把没有哨嘴的唢呐一样，看着像一件乐器，其实已失去了它原有的价值。

嗓音的保养，一半以上取决于细致的生活方式。在这个沟通的时代，打电话、与人交谈、开会发言、讲课或演讲等都要用嗓子。因此，建议大家重视声音的保养。

保养声音，首先应该学会如何正确地发声。有专家说，大约有七成人不会"说话"，也就是说有很多人的发音方式是不正确的。在任何时候说话都不要用力过度，而要用柔和的气息使其发声。运用声带发声就像打鼓的原理一样，有人总觉得鼓不够响而拼命用鼓槌砸，结果鼓面损坏了。声带比鼓面更娇嫩，用气过猛或用力过大都容易损坏声带。所以，千万不可拼命地喊叫。同时，应经常锻炼发声，巩固发声方法，提高发声水平。

下面，我们归纳保养嗓子的8种方法。

（1）多喝水。保持体内有足够的水分，避免喝含酒精和咖啡因的饮料。你的声带振动得非常快，而保持正常的水分平衡有助于声带润滑。重要的注意事项：含有大量水分的食品是非常好的补充水分的零食小吃，包括苹果、梨、西瓜、桃子、各种瓜、葡萄、李子、甜椒和苹果酱等。

（2）每天让你能够有几次“声音小睡”。尤其在长时间使用了嗓子后，更要注意不要再多说话。比如，教师在课间就应注意避免再说话，在吃午餐时，最好找一个安静的地方吃饭，而不是与同事在吵闹的办公室里聊天。

（3）不要吸烟。如果你已经有吸烟的习惯，那就戒掉这种习惯。吸烟能够严重地增加患咽喉癌的危险，吸烟（即使是二手烟）也会刺激声带。

（4）不要滥用你的声音。尽量避免喊叫或尖叫，也不要在嘈杂的地方大声说话，如果你的咽喉感觉到发干或者说疲劳，或者你的声音已经嘶哑了，那就尽量不要再说话了，声音嘶哑是你的声带开始“愤怒”的警告。

（5）在卡拉OK、KTV唱歌时，即使在唱高音或低音时也要让你的咽喉肌肉和颈部肌肉保护放松状态。有些人在唱高音时会把头仰起来，而在唱低音时又会把头低下去。研究人员罗森伯格说：“在唱高音时会把头仰到天花板上，而在唱低音时又会低到地板上，这是一种不良习惯，时间长了，你就会为此付出代价。”这种代价还不仅仅是让你的肌肉变得紧张，更重要的是会让你未来的音域变得窄小。

（6）不要太频繁地清嗓子。人们往往习惯清一清嗓子，但当你清嗓子时也会一并刺激声带，清嗓子太多会损害你的声带，会让你的声音嘶哑。当感觉有刺激需要清一清嗓子时，不妨喝一点儿水慢慢地咽下去，达到清理嗓子的目的。如果你感觉老是不自觉地多次清理嗓子，那就到医院让医生检查一下，看有没有问题，频繁地清理嗓子往往是嗓子出现毛病的前兆。

（7）当你生病时，不要多说话。如果你着凉感冒了或者感染病毒而导致嗓子嘶哑，那就不要再说话，只是听着自己内心的声音告诉你什么。

（8）让你的家庭和办公室的环境湿润。请记住一点，湿润对嗓子的保养有很大的益处。